平成29年改訂
小学校教育課程実践講座

算 数

齊藤 一弥 編著

ぎょうせい

はじめに

　新学習指導要領の告示を受けて，数学的な見方・考え方を働かせ数学的活動を通して数学的に考える資質・能力の育成を目指す算数・数学の授業づくりが始まろうとしている。内容ベイスから資質・能力ベイスでの授業づくりへのシフトチェンジというこれまでにない教育観の転換によって算数・数学の授業も大きく変わっていくことが期待されている。

　中学校数学の比例を活用した問題解決の授業場面である。
　生徒は地震のP波とS波が到着する時間の差を使って，「地震の大きな揺れの到達時刻を知ることができるのだろうか」という課題解決に取り組んでいた。各地でP波とS波のそれぞれが到着する時間と震源地からの距離の2つの数量の関係を「比例と見なす」ことで到着時刻が予測できるというものであった。震源地から近い順に観測地点までの距離とP波とS波の到着時刻を整理した表やそれをグラフに示した様子を分析していた際に，「このような誤差があっても比例と見なして解決すればいいのではないか。小学校の算数でも同じように考えたことがある」とある生徒が発言した。日常の事象の中には，厳密には比例の関係かどうかは分からないが，おおむね比例の関係にあると見てよさそうな数量を，幾つかの数値について調べたことで「比例として見なした」という小学校算数で獲得した数学的な見方・考え方が発言につながった瞬間であった。さらに，問題を解決するために2つの数量の関係を理想化したり単純化したりすることによって比例と見なし，表やグラフでその変化や対応の様子に着目して未知の状況までも予測していこうとしたわけである。
　ここには，自己の経験群に潜在的に位置付く数学的な見方・考え方を活かしながら主体的・対話的に算数・数学の学びに関わるととも

に，質の高い数学的活動によって算数・数学本来の価値を追究し続けていく深い学びで数学的な資質・能力を獲得していこうとする学びがあり，数学的な資質・能力を身に付けるとともに，一回り成長した数学的な見方・考え方を獲得しようとしている生徒の姿を見取ることができる。これが算数・数学が目指そうとしている授業であり，そのための授業改革が期待されているのである。

　新学習指導要領の主旨を踏まえた上で，授業づくりのポイントを教材分析，評価，単元開発や授業デザインといった視点から捉え直すとともに，資質・能力ベイスでの教材研究，問題解決プロセス，主体的・対話的で深い学びとそれを支える数学的活動などから授業改善の在り方を問い直し，さらには，算数・数学の教科指導の質的向上を支えるカリキュラム・マネジメントを機能させていくことが重要である。

　資質・能力ベイスでの授業づくりという抜本的な授業改革を実現するために，「新しい酒は新しい皮袋に盛れ」とのことわざにあるように，今，これまでの教科観・教材観，指導観等を丁寧かつ大胆に見つめ直していくことが求められていると言えるであろう。それによって算数・数学という教科が本来そのうちにたたえている豊かさと面白さを子供にも教師にも再認識させてくれるはずである。

　本書の出版に当たり，(株)ぎょうせいの皆さんには企画・構成より大変お世話になった。記して感謝申し上げる。

編著者　齊藤一弥

目　次

第1章　算数の学習指導要領を読む

第1節　学習指導要領が目指す新しい算数の授業
　　　　——資質・能力ベイスでの学びづくり——……………………2

　1　資質・能力ベイスの学びへいかに転換するか　2

Q　算数科における資質・能力を育む学びをどのようにイメージすればよいでしょうか。　2

　2　新たな問題解決過程をいかに組織するか　8

Q　算数科における資質・能力を育む学習過程をどのようにイメージすればよいですか。　8

　3　ゴールと指導をいかにつなぐか　11

Q　算数科における資質・能力を育む授業づくりのポイントを教えてください。　11

第2節　学習指導要領が目指す算数で育てる資質・能力………………14

　1　資質・能力論から見た算数科の役割　14

Q　算数科における育成すべき資質・能力とはどのようなものですか。　14

　2　子供たちの学びの現状と教育の課題　15

　3　算数科の目標と育成を目指す資質・能力　17

Q　算数科の目標と育成すべき資質・能力，「数学的な見方・考え方」の関連について教えてください。　17

　4　数学的に考える資質・能力の育成のために　20

Q　算数科の教育課程の特徴と授業づくりの基本的な考え方について教えてください。　20

5　事象を多面的に捉え批判的に考察する力　22
Q　新領域「データの活用」における学習のねらいは何ですか。　22
第3節　算数の主体的・対話的で深い学び……………………………25
　　　1　主体的・対話的で深い学び　25
　　　2　主体的な学びの根源となる子供の問い　26
Q　算数科において主体的な学びを実現させるポイントは何ですか。　26
　　　3　対話的な学びの意図とそのプロセス　28
Q　算数科における対話的な学びをどのように捉えればよいですか。また，どのような学習過程が考えられますか。　28
　　　4　学べば学ぶほど個々が強く結ばれる教育へ　35
第4節　算数の深い学びを支える数学的な見方・考え方……………36
　　　1　数学的な見方・考え方の捉え方　36
Q　「数学的な見方・考え方」とはどのようなものですか。また，これまでの「見方」や「考え方」とどのように変わっているのですか。　36
　　　2　深い学びと数学的な見方・考え方の関わり　40
Q　数学的な見方・考え方は「深い学び」とどう関わってくるのでしょうか。　40
　　　3　数学的な見方・考え方を働かせた深い学びの具体例　42
第5節　数学的活動を通した主体的・対話的で深い学びの実現……47
　　　1　学習指導要領による枠組み　47
Q　「数学的活動」はどのようなイメージをもったものですか。　47
　　　2　算数における主体的・対話的で深い学びの実現　52
Q　算数科において「主体的・対話的で深い学び」を実現するためにどのようなことを考える必要がありますか。　52

第2章　学習指導要領に基づく算数の授業づくりのポイント

第1節　算数の授業づくりの新旧対応ポイント
　　　　——何が変わるのか・何を変えるのか—— ……………………60
　　1　授業のねらいの設定　60
- Q 算数科において授業のねらいをどのように設定すればよいですか。　60
　　2　数学的な見方・考え方に基づく学習課題の提示　62
- Q 学習課題などを計画する際のポイントを教えてください。　62
　　3　問題解決過程を重視する学習活動　64
- Q これからの算数科の学習過程をどのように捉えればよいですか。　64
　　4　子供の学習過程に着目した授業の改善に向けて　67
- Q 学習過程に即した指導のポイントを教えてください。　67

第2節　資質・能力ベイスでの算数の教材分析の在り方
　　　　——見方・考え方と教材—— ……………………………………72
　　1　数学的な見方・考え方とは？　72
- Q 新学習指導要領における「数学的な見方・考え方」は，これまでの「数学的な考え方」とどのように変わったのですか。　72
　　2　各領域の内容における数学的な見方・考え方とは？　73
- Q 算数科の各領域における見方・考え方はどのようなものですか。　73
　　3　問題発見・解決の過程を重視した授業づくり　75
- Q 算数科における問題発見・解決の過程とはどのようなものですか。　75
　　4　授業実践のための具体的な教材分析　77
- Q 算数科の学習過程を生かした授業の展開をどのように考えればよいですか。また，その際のポイントは何ですか。　77
　　5　資質・能力ベイスでの算数の教材分析　82

第3節　資質・能力ベイスでの算数の評価の在り方
　　　　——子供をいかに見つめるか—— ………………………………84

v

1　評価とは何をすることか　84

Q　学習評価とは，何を目的として，どのようなことをすることですか。　84

　　2　教育評価の目的　86
　　3　教育評価の方法　87

Q　評価を行う際の，様々な観点を整理してまとめてください。　87

　　4　資質・能力の評価　90

Q　新学習指導要領の趣旨を生かすために，どのような事柄をどのように評価すべきですか。　90

　　5　子供をいかに見つめるか　94

Q　新学習指導要領の趣旨に鑑み，どのような視点から子供たちの数学的活動を評価すべきですか。　94

第4節　学習指導要領で描く新しい算数の単元の在り方
　　　　　──見方・考え方でつなぐ単元──……………………………………96

　　1　「数学的な見方・考え方」で単元をつなぐとは　96

Q　「数学的な見方・考え方」で単元をつなぐと，どのようなよさがありますか。　96

　　2　「数学的な見方・考え方」で単元をつなぐポイント　98

Q　「数学的な見方・考え方」で単元をつなぐポイントを教えてください。　98

第5節　学習指導要領が期待する新しい算数の問題解決
　　　　　──授業はいかに変わるのか──………………………………………104

　　1　算数の問題解決とは　104

Q　算数の問題解決における学習のイメージはどのようなものですか。　104

　　2　問題解決における「数学的活動の充実」とは　104
　　3　問題解決において数学的な見方・考え方を働かせることとは　110

Q　問題解決において数学的な見方・考え方をどのように働かせるのでしょうか。　110

4 子供も教師も授業も変わる
——学びの出発，学びの再思考，学びの獲得と新たな学びの創出—— 113

第3章　学習指導要領が目指す新しい算数の授業〈研究事例〉

第1節　資質・能力ベイスの教材研究と単元開発 ……………………118
　　1　資質・能力ベイスで考える「B　図形」領域の授業　118
- Q 「B　図形」領域の指導は，どのようなところにポイントをおいて授業づくりをしていけばよいのでしょうか。　118
　　2　研究事例「三角形や四角形などの図形（第2学年）」　119
　　3　本事例を単元に位置付けたときに期待されること　126

第2節　資質・能力ベイスの教材研究と問題解決 ……………………128
　　1　資質・能力を育成する授業　128
- Q 算数科において資質・能力を育む授業はどうあるべきですか。　128
　　2　資質・能力ベイスの教材研究と問題解決　131
- Q 資質・能力を育む授業をどのように構想すればよいですか。　131
　　3　子供の学びを開発する教材研究　134
- Q 教材研究を行う上で押さえておくべきポイントは何ですか。　134

第3節　数学的な見方・考え方を重視した単元開発 …………………139
　　1　数学的な見方・考え方　139
- Q 数学的な見方・考え方を重視した単元開発や授業づくりのポイントを教えてください。　139
　　2　数学的な見方・考え方を重視した授業づくり　140

第4節　数学的な見方・考え方を活かした数学的活動 ………………150
- Q 数学的な活動の意義や数学的な見方・考え方を生かす授業の在り方について教えてください。　150
　　1　数学で何を学ぶのか　150

2　算数を学んだことで，生活がよりよくなる　151
　　3　数学的活動をいかに組織するか　161
第5節　**主体的・対話的で深い学びを目指す数学的活動（低学年）**
　　　　……………………………………………………………………162
Q　低学年における数学的活動の具体を教えてください。　162
　　1　低学年の数学的活動　162
　　2　授業づくりの視点　163
　　3　研究事例（イ　日常）　163
　　4　研究事例（ウ　数学）　167
第6節　**主体的・対話的で深い学びを目指す数学的活動（高学年）**
　　　　……………………………………………………………………173
Q　高学年における数学的活動の具体を教えてください。　173
　　1　授業のねらい　173
　　2　授業展開　173

第4章　学習指導要領を生かす算数のカリキュラム・マネジメント

第1節　社会に開かれたこれからの算数のカリキュラム・マネジメント……………………………………………………………186

　　1　カリキュラム・マネジメントの充実　186
Q　カリキュラム・マネジメントとはどのようなものですか。また，その目的は何ですか。　186
　　2　社会に開かれた算数のカリキュラム　189
Q　算数科における「社会に開かれた教育課程」とはどのようなものですか。　189
　　3　算数で育成を目指す資質・能力の明確化　190
Q　資質・能力の育成に関わる算数科の役割は何ですか。　190

4　算数の指導計画作成の工夫　191
Q　年間指導計画を作成する上での留意点は何ですか。　191
　　　5　算数の年間指導計画作成上の留意点　192
Q　算数科における年間指導計画の作成のポイントや評価の視点について教えてください。　192
　　　6　算数の指導についての評価と改善　194

第2節　小学校・中学校・高等学校を通した算数・数学の在り方　195
　　　1　小・中・高のつながり　195
Q　小・中・高のつながりを考えて，算数・数学の指導をする必要があるのはどうしてでしょうか。　195
　　　2　図形の指導　196
Q　中学校での指導を考えたとき，小学校での平行四辺形の性質や三角形の合同の扱いはどのようにすればよいのでしょうか。中学校での扱いとの関わりについても教えてください。　196
　　　3　変化と関係の指導　199
Q　小学校における関数の指導はどのように行えばよいでしょうか。　199
　　　4　データの活用の指導　201
Q　新たに設けられた領域「データの活用」の背景と内容，指導上の留意点とは何ですか。　201
　　　5　数学的活動　202
Q　算数的活動が数学的活動になったのはなぜですか。数学的活動を通して，数学的に考える資質・能力を育成するとはどのようなことですか。　202

第3節　学習指導要領を反映した算数の授業研究の在り方　204
　　　1　教師に求められる資質能力を高める一環としての授業研究　204
Q　なぜ，授業研究が必要なのですか。　204
　　　2　授業研究の「どこ」が検討課題なのか　205

Q 授業研究における検討課題と授業改善のポイントを教えてください。　205

　　3　今後の算数の授業研究の在り方の具体例　209

Q これからの算数科における授業研究の在り方について具体的に示してください。　209

資料：小学校学習指導要領（平成29年3月）〔抜粋〕　213
編者・執筆者一覧

第 1 章

算数の学習指導要領を読む

第1節
学習指導要領が目指す新しい算数の授業
──資質・能力ベイスでの学びづくり──

1 資質・能力ベイスの学びへいかに転換するか

Q 算数科における資質・能力を育む学びをどのようにイメージすればよいでしょうか。

　新学習指導要領は，次代を生きる子供たちに必要とされる三つの柱からなる資質・能力──問題解決に活かす体系化された知識及び技能，そして，それらを活用して未知の文脈でも課題解決を推し進めるための思考力，判断力，表現力等，さらには，この二つの力を活躍させて問題解決に自ら立ち向かい，粘り強く学びに向かう力，人間性等──で示されることになった。算数科においては，この三つの柱で示された数学的な資質・能力を育成するために，数学的な見方・考え方を働かせた数学的活動を充実させていくことが強調された。これまでの内容ベイスでの指導観を転換し，資質・能力ベイスでの教科指導によって，質の高い問題解決学習の実現を目指そうとしている。

　第4学年の「式と計算」の学習では，（　）を用いた式を扱う。図のような教材を用いて，白玉と黒玉の総和を求める式を考える場面が取り上げられてきた。

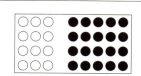

白玉と黒玉の合わせた数を求める式を考えましょう。

【答え・式】
① 4×3+4×5＝32
② 4×（3+5）＝32
③ 4×8＝32

導入で，白玉と黒玉の数をかけ算を使って求めることができることを確認した上で，自力解決に入る。4×3＝12，4×5＝20，12+20＝32といった3本の式や4×3+4×5，4×(3+5)，4×8といった1本の式を考え出して発表し，多様な式を考え出すことができたことを確認して追究は終了する。しかし，本時目標として分配法則を取り上げていることから，子供にとっての必要感はないが，4種類の式の中から4×(3+5)を取り出し，( )を使った式の意味と計算の順序を確認する。教師が提示した類題を式に表して，その可能な式化の一つとして分配法則が使えることとその手続きを教えることがゴールである。これがこれまでの一般的な指導であり，典型的な内容ベイスの授業である。

資質・能力ベイスでの算数科指導において，今，授業をいかに変えていくことが期待されているだろうか。

(1) 学びのゴールを変える

これからの教科指導で三つの柱で示された資質・能力を育成するということは，その学びのゴールを変えることを意味する。新学習指導要領の内容から，ゴールを確認することから始める必要がある。この指導内容について新学習指導要領には次のように示されている。

(6) 数量の関係を表す式に関わる数学的活動を通して，次の事項を身に付けることができるよう指導する。
　ア　次のような知識及び技能を身に付けること。
　　(ア)　四則の混合した式や( )を用いた式について理解し，正しく計算すること。
　　(イ)　公式についての考え方を理解し，公式を用いること。
　　(ウ)　数量を□，△などを用いて表し，その関係を式に表したり，□，△などに数を当てはめて調べたりすること。

> イ 次のような思考力，判断力，表現力等を身に付けること。
> (ア) 問題場面の数量の関係に着目し，数量の関係を簡潔に，また一般的に表現したり，式の意味を読み取ったりすること。

また，学びに向かう力，人間性等については，学年目標において次のように示されている。

> (3) 数学的に表現・処理したことを振り返り，多面的に捉え検討してよりよいものを求めて粘り強く考える態度，数学のよさに気付き学習したことを生活や学習に活用しようとする態度を養う。

これらの内容から，次のように資質・能力ベイスで学びのゴールを見直すことが必要になる。

まず，算数科の固有の「知識及び技能」として，かけ算の場面を式化することや式の働きを知ること，式を読むこと，そして分配法則を使って（ ）を使った式で表すことを習得することを目指す必要がある。これまでの知識・技能の守備範囲が問題解決に活用できることにまで広がっていることが分かる。

次に，算数科ならではの「思考力，判断力，表現力等」として，分配法則を使って（ ）を使った式を一般化する，多様な式の意味を読み取るとともに比較・検討する，そして式を簡潔・明瞭・的確といった視点から表現し直したり比較したりする力を育成することが求められる。

さらに「学びに向かう力，人間性等」として，具体的事象を図や式などの形式で表すことで，そのよさや構造を明らかにする過程を振り返り学びの価値を確認する，また，多様な考え方を比較検討し，アイデアを見極め，補完して価値付けていくという姿勢を涵養すること

重要になる。

これら三つの柱からなる資質・能力を意識したゴールを設定することで，学びが単なる知識・技能を伝達・確認することで終わることなく，その質を大きく変えることが期待されている。

(2) 学びの質を変える

では，このような三つの柱で示された資質・能力を育成していくにはどのように授業を変えていく必要があるのだろうか。子供たちが算数の問題解決の過程で主体的に学ぶことの意味と自分の成長を結び付けたり，対話しながら考えを深めたり広げたりして，形式的に知識や技能を覚えこむ学びに留まらず，身に付けた資質・能力を様々な課題解決に活かしていけるように学び――いわゆる主体的・対話的で深い学び――が深まっていくことが期待されている。

まずは，答えを求めることや式を立てることで終わらずに，式のよさや働きを追究する過程を重視することである。子供たちは3本の式を立て，総和が32という答えを求めることはできるが，「答えが求められればそれでいいのか」「当初考えた式で満足できるのか」，さらには「より一般的な式表現にするにはどうするか」といった数学的に価値ある問いを生起させ，粘り強く学び続けることができるようにすることが大切である。

次に，図（具体）と式（抽象）との関連を明らかにしながら，式のよさや働きを説明する場を設定し，式のよみを深めていくことが大切である。

次に挙げるのは，4×8を取り上げて，その式の価値を場面の再現性という視点や問題場面を的確に示すという視点から検討する場面である。

T9：では，4×8はどのように考えているのだろうか。

C11：他の式と違って,おはじきが4のまとまりがあるから,別々に考えないで,一緒に計算しようとしている。

C12：白玉と黒玉の列を合わせると8だから,はじめに数えてしまって一つの式にした。

T10：4×8は4×3+4×5の考え方とは違うということ？

C13：4×3+4×5は,たし算を使って合わせているけれど,4×8はかけ算で考えているから少し違う。

C14：はじめから,たてと横の数だけでかけ算でできると分かるから。九九だけでできる。一番いいかもしれないな。

T11：かけ算だけで求めているということだね。ということは,4×8の式は,式も一本だし,計算も九九一回だけだから,とてもいいということでいいですか。

C15：いいと思う。（大多数）

T12：別々に考えないで,一緒に計算しているという話が出てきたけど,この式では困るということはありませんか？先生はこの式では困るときもあると思うけれども。

C16：難しい。（大部分の子供が頭を抱える）

T13：白玉と黒玉の列を一緒に考えたけれど,4×8の式から白玉と黒玉の列を考えてみましょう。

C17：もしかしたら,4×8の式では元々の白玉と黒玉の列が分からないということですか。

C18：違う列の場合もあるということ。例えば,4列と4列とか違ったときも同じ式になってしまうということだと思う（右図参照）。

> T14：この式からもとの場面が分からないということだね。確かに4列と4列でもこの式で表せる。もとの場面が考えられる式にすることも大切だね。では，どのようにこの式を変えたらいいのだろう。
> C19：（　）を使った式にしたらいい。4×（5＋3）で表すと，列の数が分かるから。
> T15：（　）で列の数を残しておくと分かりやすいわけだね。（　）を使っても，4×8の式と同じ考え方ですか。

　答えを出したり計算手続きを確認したりするだけなら誰もが簡単に無理なく取り組めるが，答えが出たその先で式の価値や意味を問うといった資質・能力ベイスでの学びに入ると多くの子供が学びに難しさを感じるようになる（C16）。形式的な指導でも分配法則そのものの手続きは身に付くが，その価値や意味を理解することは難しい。「分配法則は特殊なときだけに使える」「式は問題状況を再現できる」といった式の価値や意味に関心をもって，未知の文脈の問題解決においても式の意味や働きを積極的に活用できる子供を育てていくことが大切である。

　「答えが出てから算数の授業が始まる」と言われる。問題場面を1本の式で表現して，32という答えを求めたからといって学習は終わりではなく，そこから式の解釈という大事な学びが始まるわけである。式の解釈というのは式の価値付けであり，既習経験を総動員しての内省的で批判的な思考・判断が必要になる。資質・能力ベイスの授業では，この解釈を適切に行う能力や常に自分を振り返って意味を読み解きその結果を自問自答する姿勢を育成していくことを目指しており，今，算数の学びの質を変えることが期待されている。

2　新たな問題解決過程をいかに組織するか

> **Q** 算数科における資質・能力を育む学習過程をどのようにイメージすればよいですか。

　主体的・対話的で深い学びによってゴールが変わるということは，問題解決過程を見直す必要があることを意味する。内容の習得を最優先の課題とした学習過程ではなく，事象を算数の価値（見方）から捉えて問題を見いだし，問題を算数・数学らしい思考・認知，表現方法（考え方）によって自立的，協働的に解決し，解決過程を振り返って概念を形成したり体系化したりする数学的活動の過程を丁寧に進めていく必要がある。

(1)　事象を数学化すること

　そもそも「式と計算」の授業は，内容を機械的に処理することが多く，子供にとって必然性のある問いがつくりにくい。しかし，このような学習においても，子供が数学的な見方・考え方を働かせた問題解決に取り組むようにすることが期待されている。

　まず，4×3＝12，4×5＝20，12＋20＝32と3本の式で答えが出せることを全体で共有してから，これまでの学習経験を踏まえて，このままでは算数の問題にならないことに関心をもたせていく。分

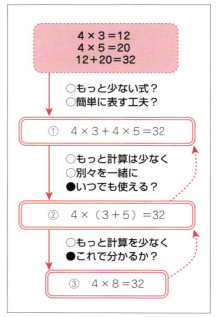

配法則を使って式表現することに学びの対象を焦点化するために「3本でなく1つの式で表すことができないか」「簡単な式で表現することができないか」と問うことから始める。事象を数学的に確認して，数学の場面に乗せることで問題解決をスタートさせることが大切になる。

(2) 数学的な問いを位置付けること

4種類の式が出揃い，学習すべきことを終えたと感じている子供に，「その式で問題場面が再現できるのか（③→②：再現性）」「黒玉と白玉の並び方が変わってもこの式で表すことはできるのか（②→①：一般性）」という2つの問いを用意した。現時点の子供にとっては自分から問うことは難しいが，算数の学習においては本来子供に期待される「数学的に価値ある問うべき問い」である。答えが出せればいいことに留まっている子供の数学的な見方・考え方を揺さぶり，それを変容させていくために欠かせない問いである。

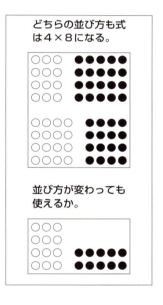

子供たちは自分たちの思考やこれまでの問題解決の過程を振り返り，省察せざるを得なくなり，その過程の中で分配法則の利用場面や利用価値を納得し，その意味的理解を深めることになる。子供が問題解決を通して学ぶことで内容としての分配法則の定着を確かなものにしていくと同時に，未知の文脈での問題解決においても活性化され，活用され得る知識として習得していくことにつながる。資質・能力ベイスの授業づくりには，改めて子供にとって真正で価値ある問いを大切にした問題解決が必要であることが分かる。

(3) 主体的・対話的な学びへ

　再現性や一般性などの視点から批判的に式の吟味を繰り返す一連のプロセスを通して，多様な考え方を比較検討することでその背後にあるアイデアを見極め，補完して価値付けていくという経験を積んでいく。この経験が，子供たちのこれからの問題解決を進めていく汎用的スキルをより豊かなものにしていく。単位時間での授業の経験だけでスキルが身に付くわけではないが，常に自他がそれぞれの考え方を批判的に見つめ直し合いながら価値付ける経験を繰り返し積んでいくことで，学びに主体的・対話的に関わろうとする態度も育成されていくことになる。

　また，式の意味や価値の吟味で用いた再現性と一般性という視点は，多様な場面での問題解決に用いることができる。それらは教科の本質として数学的に意味のある汎用性のある着眼点（見方）であり，資質・能力ベイスの授業ではこのような汎用性の高い数学的なスキルを子供自身が獲得していくことを目指している。子供がこれらを身に付けていくことで，教師が何も言わなくても，子供自らが常に立ち止まって批判的に自分の思考を問い直し，「この考え方は他の場面でも成り立つだろうか」などと挑戦的な問題設定を行い，発展的・統合的に考え進むようになる。一度問題を解決した後でも，自分の問題解決過程を振り返り，それを吟味してよりよいものを追い求めようとする子供になる。教えるべき指導内容はしっかり教えるが，それ以外は子供自ら進めていくようになる。資質・能力ベイスでの授業づくりによって主体的・対話的に学び進む子供を育てていくことになる。

3　ゴールと指導をいかにつなぐか

Q 算数科における資質・能力を育む授業づくりのポイントを教えてください。

(1)　教材分析の質的転換

　資質・能力ベイスの授業づくりでは，教材分析の在り方も大きく変えていく必要がある。前述の授業では，分配法則という教科固有の内容の価値や意味を学ぶ上で，「再現性はあるか」「一般性はあるか」という問いによって，式を読んだりその価値を吟味したりしたが，この問いは，分配法則という内容を離れても算数・数学での多くの学びの有効で汎用性があることは先にも触れたとおりである。

　分配法則を白玉・黒玉という教材で指導することを計画する段階で，再現性と一般性という重要な数学的着眼（数学的な見方）の価値を指導に位置付けておくこととともに，その着眼点を通して多様な考え方を論理的に比較したりアイデアを統合したりすること（数学的な考え方）を子供が経験するよう計画することが必要となる。つまり数学的な見方・考え方を基軸に据えた教材分析が重要になってくる。また，それらに対して子供が主体的に関われるような文脈で，なおかつ授業内でそれらに繰り返して関わるための明示的指導を考案していくことも教師には不可欠になってくる。

(2)　教科目標と指導内容をいかに整合させるか

　授業に価値のある数学的な見方・考え方や汎用的スキルを持ち込もうとしても，子供にとって切実な問いとの関係が生み出せなければ学びは成立しないし，一方で子供が意欲的に取り組もうとしても，その先で獲得するものが数学的に価値あるものでなければ意味がない。つまり，資質・能力ベイスでの授業を成立させるために目標と指導との

互恵的な関係をいかに築くかが問われている。

　「どういう子供を育てたいか」という目標の実現のために，指導内容としての「何を教えるか」があることから，指導内容の検討では常に「どういう子供に育てたいか」が問われてしかるべきである。しかし，目標不在のまま内容をいかにうまく教えられるかのみ意識が集中した教材分析が非常に多く，教科目標に立ち返ることができずに，教科目標と指導内容とに隙間ができてしまっている。

　これまでの内容ベイスでの授業づくりでは，教師が授業の具体を考える際に，子供が関わる教材そのものの分析が重要だということからそこに関心が集中してしまい，いつの間にかおおもとであったはずの教科目標との乖離が生じたまま教材分析が進められていくことが多かった。内容だけで教材分析をしているから，教科目標との間に隙間ができてしまうのである。しかし，資質・能力ベイスでの授業づくりでは，教材分析に際しては，常に教科目標に立ち返って，その指導内容で三つの柱の資質・能力をいかに身に付けさせるかを考えていくことが求められている。これは教師にとっての大きな意識改革であり，教師の仕事の仕方を見直すきっかけにつながる。

　このような意識改革は，教材そのものの取扱いはもちろんのこと，授業の中で子供とのやり取り，特に問い方を大きく変えることになる。内容ベイスで組まれた授業の場合では，内容をいかに習得させるかという目的に向けて発問・問いかけが組み込まれていたが，資質・能力ベイスで授業を組み立てていくと，授業のゴールから授業を描いたり，それに向けて思考プロセスや課題を考えたりするようになる。三つの柱の資質・能力の育成を目指すというゴールから見方・考え方によっていかに学習対象と関わり，それにアプローチするかを描いていくスタンスが大切になる。また，思考・表現ツールとしての板書の在り方も大きく変えていく必要がある。先述の授業においても，子供たちが式表現の意味や限界，よさを考えて説明をする際に手助けとな

るだけでなく,「算数の言葉」で表現することを習慣付けるとともによさに気付くことにもつながるなど,それが果たす役割は大きい。

【引用・参考文献】
○文部科学省「小学校学習指導要領」2017年3月
○中央教育審議会「幼稚園,小学校,中学校,高等学校及び特別支援学校の学習指導要領等の改善及び必要な方策等について(答申)(中教審第197号)」2016年12月
○奈須正裕・久野弘幸・齊藤一弥編著『シリーズ新しい学びの潮流1 知識基盤社会を生き抜く子どもを育てる コンピテンシー・ベイスの授業づくり』ぎょうせい,2014年

第2節
学習指導要領が目指す算数で育てる資質・能力

1　資質・能力論から見た算数科の役割

Q 算数科における育成すべき資質・能力とはどのようなものですか。

　小学校算数科において育成すべき資質・能力とは何か。また，算数科だからこそ育成できる資質・能力とはどのようなものか。教科としての算数科の存在意義を改めて問い直すこのような根本的な問いを念頭に，新しい時代の教科目標と内容が検討され，平成29年3月に新学習指導要領が告示された。

　第1節で述べたように，算数科の新しい教育課程は，教科の目標とそれに基づく教科内容の配置を中心とする内容ベイスの基準から，教科の学習指導を通して育成する資質・能力を明示する形で示された新しい基準によってつくられることになった。この育成を目指す資質・能力に焦点化した学習指導要領には，次のような特徴が見られる。

　第一は，教科の目標が総括的に示された上で，その目標と内容が，育成を目指す資質・能力の「三つの柱」ごとに示され，それらが教科の本質につながる「数学的な見方・考え方」に基づいて整理されたことである。実際，算数科では，「数学的な見方・考え方を働かせ，数学的活動を通して，数学的に考える資質・能力を育成すること」という総括的な目標が設定された上で，育成を目指す資質・能力が「三つの柱」に沿って示された。

第二は，各段階の算数・数学教育を，幼・小・中・高等学校の全体の仕組みに位置付けようとしていることであり，特に，小中間の接続が強く意識されていることである。なかでも，算数科の目標に，「数学的」という用語が3回登場することに象徴されるように，算数科と数学科の接続が強調され，後述するように，領域の構成にもそのことが現れている。

　また，算数科では，これまで各学年の教科内容に即して例示されていた「算数的活動」が，新たに4つの類型からなる「数学的活動」と改められた。このように，算数科の「数学的活動」は，中学校の3つの類型からなる数学的活動につながるように整理され，主体的・対話的で深い学びを実現するための数学的活動でも，小中間の接続が意図されている。

　第三は，児童生徒の学びの過程が，各学校段階に共通の「算数・数学の問題発見・解決の過程」として具体的に想定されていることである。今回の改訂で目指されている「主体的・対話的で深い学び」の実現という理念が，このプロセスに託されているのである。この「算数・数学の問題発見・解決の過程」は，数学的活動のプロセスを局面ごとに示したものであり，数学に固有な問題発見・解決の過程を重視する意図が明確に示されたと言える。

2　子供たちの学びの現状と教育の課題

　上記のような特徴の見られる新学習指導要領について，小学校算数科において育成すべき資質・能力とは何かを確認するためには，子供たちの学びの実態についても確認しておく必要がある。

　これまでにも様々なメディアで報告されてきたように，経済協力開発機構（OECD）による生徒の学習到達度調査（PISA）や国際教育到達度評価学会（IEA）による国際数学・理科教育動向調査（TIMSS）

等の国際比較調査の結果によれば，子供たちの学力については，近年改善傾向にある。例えば，2012年のOECD生徒の学習到達度調査（PISA）における数学的リテラシーの結果は，平均得点が比較可能な調査回以降，最も高くなったことを示した。また，国内の調査でも，全国学力・学習状況調査における質問紙の結果からは，子供たちの9割以上が学校生活を楽しいと感じ，保護者の8割は総合的に見て学校に満足していることが明らかになっている。

　その一方で，学ぶことの楽しさや意義が実感できているかどうか，自分の判断や行動がよりよい社会づくりにつながるという意識をもてているかどうかという点では，肯定的な回答が国際的に見て相対的に低いことが指摘されている。学ぶことと自分の人生や社会とのつながりを実感しながら，自らの能力を引き出し，学習したことを生活や社会の中の課題解決に生かしていくという面に課題がある。

　加えて，小学校と中学校の間で算数・数学の勉強に対する意識にギャップがあり，小学校から中学校に移行すると，数学の学習に対し肯定的な回答をする生徒の割合が低下する傾向にあることも明らかになっている。さらに，算数科の内容についても，全国学力・学習状況調査の結果から，判断の根拠や理由を明確に示しながら自分の考えを述べることなどについての課題が明らかになっている。

　今回の学習指導要領の改訂では，このような子供たちの学びの実態，及び算数の学習における課題に適切に対応できるよう改善が意図されている。特に，算数学習における情意面での課題に対し，児童が算数の学習を通して，算数のよさに気付き，数学的活動の楽しさを実感できるようにすることが求められる。この意味では，学びに向かう力や人間性に関わる三つ目の柱に当たる資質・能力を涵養することが重要である。

3　算数科の目標と育成を目指す資質・能力

> **Q** 算数科の目標と育成すべき資質・能力,「数学的な見方・考え方」の関連について教えてください。

　今回の改訂では,教育課程の基準を設定するに当たり,学習者である子供の視点に立って,教育課程全体や各教科等の学びを通じて「何ができるようになるのか」という観点から,育成すべき資質・能力が整理された。その上で,整理された資質・能力を育成するために「何を学ぶか」について,必要な指導内容等を検討して,その内容を「どのように学ぶか」という具体的な子供の学びの姿を考えながら構成された。

　この立場から,学校教育全体ならびに各教科,道徳科,外国語活動,総合的な学習の時間及び特別活動の指導を通してどのような資質・能力の育成を目指すのかを明確にし,教育活動の充実を図るものとされた。その際,児童の発達の段階や特性等を踏まえつつ,次のような三つの柱から資質・能力の育成が目指されることになった。

- ● 知識及び技能が習得されるようにすること。
- ● 思考力,判断力,表現力等を育成すること。
- ● 学びに向かう力,人間性等を涵養すること。

　この三つの柱に従って,基礎的・基本的な知識及び技能を確実に習得させ,これらを活用して課題を解決するために必要な思考力,判断力,表現力等を育むとともに,主体的に学習に取り組む態度を養い,個性を生かし多様な人々との協働を促す教育の充実に努めることが意図されている。そしてその際,子供の発達の段階を考慮して,子供の言語活動など,学習の基盤をつくる活動を充実させるとともに,家庭との連携を図りながら,児童の学習習慣が確立するよう配慮すること

とされている。

このような立場から示された新学習指導要領における算数科の目標は,「数学的な見方・考え方を働かせ,数学的活動を通して,数学的に考える資質・能力を育成すること」を総括的に示した上で,育成を目指す具体的な資質・能力が,次のように三つの柱ごとに示された。

> 数学的な見方・考え方を働かせ,数学的活動を通して,数学的に考える資質・能力を次のとおり育成することを目指す。
> (1) 数量や図形などについての基礎的・基本的な概念や性質などを理解するとともに,日常の事象を数理的に処理する技能を身に付けるようにする。
> (2) 日常の事象を数理的に捉え見通しをもち筋道を立てて考察する力,基礎的・基本的な数量や図形の性質などを見いだし統合的・発展的に考察する力,数学的な表現を用いて事象を簡潔・明瞭・的確に表したり目的に応じて柔軟に表したりする力を養う。
> (3) 数学的活動の楽しさや数学のよさに気付き,学習を振り返ってよりよく問題解決しようとする態度,算数で学んだことを生活や学習に活用しようとする態度を養う。

このように,(1)では知識及び技能に関する目標,(2)では思考力,判断力,表現力等に関する目標,(3)では学びに向かう力,人間性等に関する目標が示されている。各学年の目標も,同様に三つの柱に基づいて整理されている。

この三つの柱で捉えた資質・能力を子供たちが身に付ける上で,最も重要な働きをするのが,「数学的な見方・考え方」である。「数学的な見方・考え方」は,中央教育審議会初等中等教育分科会教育課程部会算数・数学ワーキンググループにおける議論の中で,「事象を,数量や図形及びそれらの関係などに着目して捉え,論理的,統合的・発

展的に考えること」と整理された。

 指導内容についてみると，第二の柱である思考力，判断力，表現力等に関する事項が，数学的な見方・考え方を明示する形で整理されていることが分かる。実際，指導内容のうち「イ」に当たる事項は，算数科の学習場面で数量や図形を捉える際に着目する観点である「見方」と，その着目した観点から考察を深めたり表現を洗練したりしながら統合的・発展的に考えることに関わる「考え方」に分けて示された。

 しかし，この「数学的な見方・考え方」は，第二の柱にのみ関わるものでなく，資質・能力の三つの柱の全てに関わって働くものであると捉えることが大切であり，学習指導においても，この点に留意する必要がある。

 実際，算数科の学習では，「数学的な見方・考え方」を働かせる中で新しい知識や技能がよりよく習得され，習得した知識・技能を活用して探究することにより，それらが生きて働くものとなる。また，そのようにして「使えるようになっている」知識や技能を用いて，日常生活や算数の場面の複雑な事象をより深く考察したり，その過程や結果を数学的に表現したりできるようになる。さらに，「数学的な見方・考え方」を身に付けて社会や世界に深く関わっていくことで数学のよさを知り，学びに向かう力や人間性も涵養される。このような一連の学習過程を通して，「数学的な見方・考え方」がさらに豊かで確かなものとなっていく。

4 数学的に考える資質・能力の育成のために

Q 算数科の教育課程の特徴と授業づくりの基本的な考え方について教えてください。

　これまで見てきたように，算数科で育成を目指す資質・能力は，ひとことで言えば，数学的に考える資質・能力ということになる。この「数学的に考える資質・能力」が三つの柱で整理されたと言える。

　数学的に考える資質・能力を育成するためには，数学的に価値ある問いを問う力を育てるということが大切である。そして，児童が数学のよさに気付きながら，算数の学習を日常生活や他教科の学習に活用したり，学習を振り返ってよりよく問題解決したりする態度を身に付けることをねらいとする必要がある。育成すべき資質・能力の第三の柱「学びに向かう力，人間性等」を中核にして算数科での学びの習慣を育まなければならない。そのためには，数学的な考え方の育成を目標に展開してきた授業を，資質・能力という観点から見直すことが大切である。

　数学的に価値ある問いは，「数学らしさ」の規範に支えられている。より簡潔に表現するとどうなるか，もっと明瞭に伝えるにはどうすべきか，さらに的確に伝えるためにどんな工夫ができるか，これからも使えそうな（発展の可能性の高い）方法はどれだろうか，といった問いである。これらの問いの背後には，思考や行為を改善し続ける姿勢がある。

　新しい算数科の教育課程の特徴は，上述のとおり，教科の目標と内容が教科の本質につながる「数学的な見方・考え方」に基づいて整理されていることである。新しい教育課程に基づいて授業を構想する場合，この「数学的な見方・考え方」の意味を正確に捉えた上で，それ

を教材研究や授業の展開に生かす必要がある。

まず,「数学的な見方・考え方」のうち「数学的な見方」については,「事象を数量や図形及びそれらの関係についての概念等に着目してその特徴や本質を捉えることである」とされている。

例えば,数についての概念と表記を理解したり,計算方法を創り出していく場面では,数の合成や分解に着目したり,十進位取り記数法に基づく数の表現や単位分数に着目したりする。また,図形の学習では,学年の進行に伴って,辺のような図形の構成要素と平行・垂直といった構成要素間の関係,さらには図形と図形との関係にも着目して図形の性質の理解を深めていく。さらに,関数的な見方を働かせて問題解決する場合,伴って変わる2つの数量とその関係に着目して事象の考察を行う。このように,各領域における学習場面での考察の際に,対象の特徴や本質を捉える見方が重要である。

一方,「数学的な考え方」については,「目的に応じて数・式,図,表,グラフ等を活用し,論理的に考え,問題解決の過程を振り返るなどして既習の知識・技能等を関連付けながら統合的・発展的に考えることである」と整理されている。日常生活の場面,算数の場面のそれぞれにおいて,数学的な方法を用いて思考・判断・表現する過程で,「数学的な考え方」が働き,事象を数量や図形及びそれらの関係などに着目して捉えた上で,論理的,統合的・発展的に考えることになる。

また,算数の授業で育てたい資質・能力には,問題に取り組む姿勢,思考の習慣に関わるものもある。例えば,粘り強くじっくり考える姿勢,答えが出たら終わりではなく,その「わけ」を大切にしようとする姿勢である。一応答えが得られたら振り返ってみて確かめること,別の解き方を考えてみること,そしてできれば,より簡単な方法,分かりやすい方法を探してみることなど,問題解決者としての資質に関わる姿勢も大切である。問題が解けたら次にどんなことが分か

るかと，発展的に考えようとする姿勢も大切である。このような姿勢と相まって，数学らしさの規範に支えられた価値ある問いを問う児童の姿が見られるような授業が求められる。このような姿勢の育成という側面への配慮も大切である。

　以上のように，数学的に考える過程を振り返り，その中で数学的な価値の点検を大切にしながら，「数学的な見方・考え方」が三つの柱の全ての面で資質・能力に関わりながら働いて，それ自体がより豊かで確かなものとなっていくという視点を大切にしたい。

5　事象を多面的に捉え批判的に考察する力

> **Q** 新領域「データの活用」における学習のねらいは何ですか。

　新学習指導要領では，統計教育の充実が改訂における重点事項の一つとなっている。その背景には，高度に情報化した社会の到来があることは言うまでもない。

　新学習指導要領の算数科では，これまで「数量関係」領域の一部に位置付けられていた資料の整理や統計的な見方に関する指導内容が，新領域「データの活用」として全ての学年に位置付けられた。また，現行の中学校の「資料の活用」も，「データの活用」に改められ，各学年に統計の内容が配置された。これによって，義務教育段階の全体を通じて，統計的な内容の学習を強化する教育課程の形が整った。

　算数科における「データの活用」領域の学習では，データを様々に整理・表現してその特徴を捉えたり，代表値やデータの分布の様子を知って問題解決に生かしたりするなど，統計的な問題解決の方法について知り，それを実生活の問題の解決過程で生かすことを学習する。そのような統計の学習を通じて，データについて多面的に捉えたり，

結果を批判的に考えたりする力を育成すること，統計的問題解決の過程を経験し，そこでの手法を「方法知」として身に付けることの重要性に目を向けることが大切である。

第5学年のデータの活用領域の内容の(1)には，データの扱いに関する知識及び技能などとともに，身に付けることを目指す思考力，判断力，表現力等に関して，次のように述べられている。

> 目的に応じてデータを集めて分類整理し，データの特徴や傾向に着目し，問題を解決するために適切なグラフを選択して判断し，その結論について多面的に捉え考察すること。　　　（下線は引用者による）

算数科では，絵や図を用いてデータの個数に着目する第1学年の学習から，次第に観点を（複数）決めてデータを分類整理し，棒グラフや二次元表にまとめたり，円グラフや帯グラフに表したりする。こうして，目的に応じて様々に表現したデータの特徴を多面的に捉えることが大切である。

また，統計の学習では，広い視野からデータの特徴を多面的に捉えることに加え，事象についての判断の過程や結果について批判的に考察する力を身に付けることも大切である。

第6学年のデータの活用(1)には，身に付けることを目指す知識及び技能の中に，「目的に応じてデータを収集したり適切な手法を選択したりするなど，統計的な問題解決の方法を知ること」という記述がある。これは統計的な問題解決についての知識を身に付けることの必要性について述べたものである。

目的に応じてデータを収集したり適切な手法を選択したりするなどして一連の問題解決過程を経験した後に，その過程を振り返り，いわば「外側から」その過程の特徴を捉えて知識化するのである。

一方，身に付けることを目指す思考力，判断力，表現力等について

は，次のように述べられている。

> 目的に応じてデータを集めて分類整理し，データの特徴や傾向に着目し，代表値などを用いて問題の結論について判断するとともに，その妥当性について批判的に考察すること。　　（下線は引用者による）

　データに基づいて判断する場合，統計的な問題解決の過程を経るが，その最後の局面で点検すべきことが多くある。例えば，自分たちの問題の設定とその解決のために集めたデータ，そしてそのデータを表現するための表やグラフの利用など，解決の過程や結論について，異なる立場などから多面的に捉え直してみたり，妥当性について批判的に考察したりすることが重要である。

【引用・参考文献】
○中央教育審議会「幼稚園，小学校，中学校，高等学校及び特別支援学校の学習指導要領等の改善及び必要な方策等について（答申）（中教審第197号）」2016年12月
○中央教育審議会初等中等教育分科会教育課程部会算数・数学ワーキンググループ「算数・数学ワーキンググループにおける審議の取りまとめ（報告）」2016年8月

第3節
算数の主体的・対話的で深い学び

1　主体的・対話的で深い学び

　子供中心の教育を考えたとき，まずは，教師の伝達による教育から，目的を立て，方法・手段を比較し，得られた結果を振り返り，新しい目的を立てるという一連の思考活動を子供自身に展開させる教育へと転換していく必要がある。さらに，学校でみんなで学ぶことに目を向けると，算数の学習を個人的思考過程といった側面だけでなく，社会的過程ないしは集団過程として捉え直し，子供同士の対話を通して学習が深まっていく教育へと転換していく必要がある。この2点は，教師から子供への伝達による教育，算数学習を個人的思考過程だけで捉える教育観からの脱却であり，主体的・対話的な学びが強調される所以である。

　しかし，主体的で対話的な学びを実現するために，子供まかせの授業を展開してしまうと，算数学習が深まりのない授業に陥ってしまう危険性がある。子供同士のやり取りだけでは，論点が焦点化しなかったり，検討・修正するとよりよい考えになるのに，日の目を見ることなく消えてしまったりするからである。子供が最初にもっている考えから，主体的・対話的な学びを通して，最初の考えより相対的に深まりのある考えへと変容していくことが期待されているわけである。

　そこで，本節では，深い学びへとつながる主体的・対話的な学びは，どのような方向を目指して考えていけばよいかについて述べる。

2　主体的な学びの根源となる子供の問い

> **Q** 算数科において主体的な学びを実現させるポイントは何ですか。

　まずは，活動の出発点は，子供が新たな疑問や問題に気付くことである点に注目する必要がある。活動の主体が子供であるならば，その問題は，教師と子供，あるいは，子供と子供のやり取りから，じわじわと徐々に見えてくるものでなければならない。すなわち，子供から問いが引き出せるような授業の工夫をしていくとともに，子供たちに問いを見いだす力を育んでいく必要がある。前者は，教師の授業づくりの工夫であり，後者は，子供自身が身に付けていくべき資質・能力である。

(1)　たたき台を検討・修正すること

　素朴な考えというのは，何らかの先行経験から引き出される初発の考えであり，不完全な考えであったり，間違いであったりすることが多々ある。しかし，その不完全さを，どのように捉えていくかが重要な点となる。不完全な考えは，そのままダメだと捨て去ってしまえば，失敗として終わってしまう。しかし，それを「たたき台」として捉えれば，すなわち，今後の思考を深めていくための契機として捉えれば，たたき台はよりよい考えを引き出すための格好の素材となる。たたき台はなくてはならない貴重な考えになるわけである。自分のつくったたたき台を振り返り生かしていくこと，また，友達の素朴な考えであれば，その考えが生まれてきた理由をくみ取ってあげるとともに，改善の余地が見いだせないか，どのように修正していけばよいかを一緒に考えていける機会となる。

　このような立場から考えていくと，試行錯誤にも2通りある点に留

意しておく必要がある。両者は，試行錯誤でうまくいかなかった場合，どうするかによって大別される。1つは，うまくいかなかった失敗例を潔く捨て去り，新たな別の場面を考えていく試行錯誤であり，もう1つは，失敗例を振り返り，次に生かしていこうとする試行錯誤である。期待される試行錯誤は後者の方で，そこでは，もはや失敗例は失敗ではなく，次に生かすためのたたき台として活用されている。失敗例をたたき台と見て，次に生かしていこうとする考え方は，算数だけに留まらず，人生を生きていく上での知恵でもある。

(2) 活動後の新たな問いの発見により再び活動が始まること

問題解決が一旦終わった後に，解決過程を振り返ってみることが大切である。どのような見方・考え方が有効であったのか，どのように考えてしまったが故にうまくいかなかったかを振り返るとともに，そこから新たな問いを見いだすことが期待される。2つの論点を取り上げて述べていこう。

1つ目は，学習したことを自分のものとして整理・整頓する活動である。そこでは，既習内容との関連を探る行為が促され，統合的な考えに焦点が当たる。学習した内容と関連しそうな既習内容が見いだされ，両者を対比することを通して，「既習と何が違うのだろうか」「既習と同じように考えられないだろうか」といった問いが生まれてくることになる。例えば，平行四辺形を学習した後に，既習の四角形について振り返ると，正方形，長方形を学習してきたことが思い出される。そして，この2つの四角形を，平行といった視点から考察してみることで，正方形，長方形は，平行四辺形と同じ性質をもっている図形として統合的に捉え直すことができる。

2つ目は，考察の対象を広げて考えようとする発展的な問いである。例えば，ある問題が解決されたとき，「他の場合でも言えるだろうか」といった疑問がもてるようになれば，その子の中に，新たな問いを見いだす力が徐々に育ってきたと解釈できる。このような疑問

は，次の時間に解決していく問題として，授業と授業をつなげていく橋渡し役となるわけである。ただし，明らかにされた疑問は，次の時間に解決する問題になる場合もあれば，「棚上げ問題」として，後の単元や学年で取り扱うことのできる問題になる場合もある。その際は，棚上げ問題として明確にすることによって，問題を見いだしていくことの大切さを知るとともに，今の段階では解決できない問題があることを知ることになる。

このような統合的・発展的な考えは，振り返りから始まる活動であり，授業の中でこれまで以上に強調していきたい側面である。そして，1回1回の授業をどうつくるという考えで終始することなく，単元をどのような問いでつないでいくかを探っていくことがもう1つの教材研究の鍵となってくる。

3　対話的な学びの意図とそのプロセス

Q 算数科における対話的な学びをどのように捉えればよいですか。また，どのような学習過程が考えられますか。

学校における授業の意味を考えたとき，家でコンピュータ等で1人で学ぶより学校でみんなで学んだ方が，より深くより幅広く学習ができるということがある。対話的な学びを手段として捉えた立場からの意義である。授業研究会においても，「対話的な学びは手段である」ということがよく指摘されるが，それは，対話はしているが学習の深まりがないことを危惧しての言葉である。それでは，対話的な学びは，手段としての役割しかないのだろうか。否。対話的な学びは，目標にも成り得る。ここでは，対話的な学びが目標に成り得る点について，2つの側面から述べる。

(1) なぜ対話的な学びか

1つ目は，対話的な学びは一人一人の子供が自分で考えていけるように，思考の仕方のモデルとしての役割を果たしているという点である。それでは，どのような思考の仕方のモデルになっているのだろうか。話を簡単にするために，2人の間での対話に特殊化して述べさせていただく。まずは，A君とB君の2人の考えの関連性をイメージ化し，図1のように表す。

2人の中で全く共通の考えをもっていれば，これは，「あうんの呼吸」ということで，これ以上の対話はいらない。また，逆に，両方に共通の考えがないとき，これも対話が成立するはずがない。対話が盛り上がっていくときは，両者の間に考えの食い違いがあるときである。例えば，A君の中にある考えがあって，B君の中にはそれがない場合は，B君はA君の知っていることを知りたいという思いが働くし，A君はB君に分かってもらえるように伝えようとする行為がなされる。あるいは，A君の中にある考えと，それに対応したB君の考えとの間に対立が生じたとき，どうして考えが異なるのかが問題となる。問題を明確にするとともに，どうすれば共通理解になるのかを追

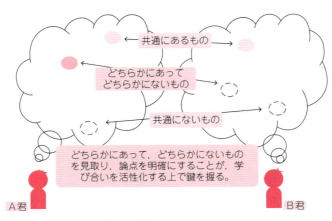

図1 対話的な学びの必須要件

究していくことになる。このように，両者の間に共通の考えがないことこそが，対話的な学びを深めていく原動力になるわけである。

　このような捉えを基にしたとき，友達との間で意見の食い違いが生じた際に，「これは，さらに考えが深まるきっかけになるかもしれない」と思えるような子供を育てていきたいわけである。そして将来的には，個々の中である考えが生まれたとき，意図的に食い違った考えを見いだし，それを基にさらなる考えを見いだしていこうとする態度へと成長させていくことが期待されることになる。

　一方，教師にとっては，教科指導の中で，どのような食い違いに目を向けるかが，教材開発，子供の理解のポイントとなる。授業の中で偶然に生まれてくる食い違いだけを当てにするのではなく，教師から食い違いを意図的にしかけていくことが肝要である。

　2つ目は，社会性の育成といった点である。算数の指導を通して人間形成を考える際，そのねらいにおいて，補完的な関係にある個と社会とをどのように考えるのか明らかにしておく必要がある。すなわち，個々の子供が各々の個性・独創性を発揮したり，自分ひとりで問題が解決できるようになるという個人的なねらいと，集団の中で責任を果たしたり集団に対して奉仕したり，集団で協力して問題解決できるようになるという社会的なねらいとのバランスである。この2側面は，どちらか一方が最終目標として位置付けられるものではなく，両者を結び付けながらバランスよく授業の中に位置付けていく必要のあるものである。この点に関して，塩野は，次のように述べている。

　「全体と個とは，一方が他方に従属するという関係ではなく，全体の中に個が含まれ，個に全体が宿る，全体を離れて個なく，個を離れて全体なし，個即全体の関係にある。したがって，個と全体との間に対立関係はなく，全体が個の犠牲を要求するようなことはあり得ず，全体のためは個のため，個のためは全体のためであるということになる。」

(塩野，1970)

第3節　算数の主体的・対話的で深い学び

　このような全体と個との相補性に焦点を当てると，対話的な学びにおいても，個々の成長だけに焦点を当てるのではなく，「全体のために何ができるか」といった社会性の成長が自然と論点になってくる。「自分はもう解決できているから，もうやることはないよ」とそっぽを向いている子供，あるいは，「こんなことを言うとみんなに馬鹿にされるかもしれない。言うのはやめておこう」と恥ずかしがり屋の子供，これでは困るわけである。自分の考えたことを振り返りながら，相手の立場に立って考えられる子供に育ってほしい。すなわち，「自分にとってどうか」といった視点に留まることなく，「友達にとってどうか」といった視点へと広げて考えていってもらいたいのだ。例えば，次のような価値観をもった考えができるような子供に育っていってほしいのである。

　「自分で答えが出せてうれしい。はやく伝えたい。けど，みんなも同じように，人から教えられるより，自分で解けたらうれしいだろうな。友達も自分で解決できるような，なんかいいヒントはないかな」

　「なんか，ここがよく分からないな。こんなこと質問したら，笑われるかな。けど，ここに疑問をもっている友達も他にいるかもしれないよ。また，ここをはっきりさせておくことは，重要なことかもしれないよ。とりあえず，質問してみよう」

　このような価値観をもった子供になってもらうためには，教師がこのような子供を的確に見取り，価値付けしていくことが重要である。

　「今日は，○○さんがこういうことを発表してくれたけど，これがあったおかげでよく分かったね」
と最後に声かけしてあげると，その子も，

　「あっ，みんなのためになった。先生が誉めてくれた」
となるわけである。そして，

　「答えを言うのは，やめようよ」

　「学校で習ったことを用いて説明しようよ」

といった具合に，子供同士がみんなのために注意し合う環境へと高めていきたいものである。このような声かけで，子供たちの価値観を広げていくことが期待される。

(2) 対話的な学びのプロセス

　子供同士の対話的な学びを高めていくためには，子供たちの発信する行為，聞く行為を有機的に関連付けながら展開していくことが大切である。

　対話は，発信することから始まる。「あれ，あれ，あれなんだよね」と発信することで，「あれってなぁに」と聞かれる。そして，この「あれあれ」を互いに明確にしていく行為が，より洗練された表現へと導いていくわけである。最初から洗練された表現を求めると，何も発言できない状況に陥ってしまう。「まずは」「次に」といった話型の指導の前に，まずは発信することを対話的な学びの原点と考えたい。

　次に，「ここどうなるの？」と質問されたとき，聞かれた子は，説明しなければならない立場に置かれ，自分の思考を振り返る必要性が出てくる。この機会が与えられるところに意味がある。自分がどのように考えたのかを振り返ることで，その解決過程が見えてくる。そして，聞いた方は，友達が説明してくれることに対して，「一体何が言いたいのだろう」と友達の説明をよみ，「そこ分からないよ」「ここおかしいんじゃないの」といった具合に，友達の説明を評価する立場に置かれる。そして，評価された子は，ふたたび自分の説明を振り返るとともに，「どうして分かってもらえないのだろう」といった具合に，他者を想定しなければならない立場に置かれる。このような自然な対話が，授業の中でどう行われるか，子供同士の会話の中でいかに行われるかが大切である。授業の要所要所で，ペア学習を位置付けていく価値は，まさにこういう点にある。このような対話的な学びの流れを図式化すると，図2のようになる。

第3節　算数の主体的・対話的で深い学び

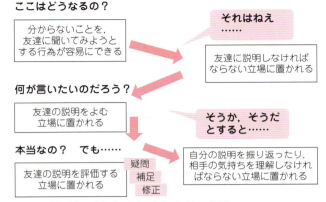

図2　対話的な学びのプロセスとその価値

　このような対話的な学びを考えたときに気になるのが「教師の補足説明」である。暗黙の内にパターン化してしまっていないかを振り返る必要がある。子供が何か発言したあと，「〜さんは，こういうことを言っているんだよね」と分かりやすく説明すると，他の子供も理解できるというよさがある。これは重要なことで，分からないことを分からないまま見逃すよりもよい。しかし，教師の補足説明により，友達の考えをよむ，評価する，他者を想定する場面を子供から奪っている点にも目を向けなければならない。教師が常に補足説明すると，子供は，「友達は何を言いたいのだろう」とよむ必要性がなくなり，「ここおかしいんじゃないの」と評価することもなくなる。教師が補足説明をしてくれるから，友達の考えを聞かずに，教師の説明だけを聞いておけばよいと考えるようになる。

　我々は，「表現力」と言ったとき，「もっと分かりやすく説明できないかな」と説明をする方ばかりに負荷をかけ，聞く方の力をあまり育てていないのではなかろうか。「何が言いたいのだろう」「ここ分からないよ」「ここがはっきりしないなぁ，自分には」といった具合に質問ができないと，対話が一方通行になる。説明する方ばかり分かりやすく説明することを考えて，聞く方は「う〜ん」とうなずくだけで終

わりになる。聞く方にも，発信できるような力を身に付けさせる必要がある。子供同士の考えをつなぐ発問，「何が言いたいのか分かった？」「誰か助けてくれる人？」といった発問をすることで，友達の話を聴く力，評価する力を鍛えていく必要がある。「分からない！」と言える勇気を育んでいきたい。

　また，従来のような「考えた子が説明する」「考えが浮かばなかった子が聞く」といった構図に固執することなく，友達の考えをよむ場面を積極的に設けることで，お互いが双方向に働きかけていけるようにしたい。さらに，相手の理解度をくみ取りながら，的確に表現方法を換えて説明できる力へと高めていきたい。そのためには，他者理解とともに，多様な表現方法を身に付けておく必要がある。図3のように，表現方法には，実演，具体物による操作的表現，絵や図による表現，数式等の記号による表現があり，学年進行とともに抽象化されていく。より抽象化された表現ができるように育てていくわけであるが，高学年になって記号的表現ができるようになれば，それでよいというものではない。我々が子供に身に付けさせたいのは，「多様な方法で表現できる力」である。記号を使っていても，図で説明できる

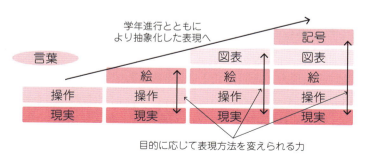

図3　表現方法の抽象化と多様な表現力

か，具体物で説明できるかを考える子供を育てていきたい。算数の学習において，我々はよく「早く，簡単に，正確に」を先行しがちであるが，問題をどのような図や表で説明するか，人に分かりやすく説明するにはどうしたらよいのかに力点をおいていく必要がある。

4　学べば学ぶほど個々が強く結ばれる教育へ

「個に応じた教育」，これを習熟度別指導等で追い求めていく際，ややもすると，「子供同士のつながりが希薄になっていないか」という点が気になりだすときがある。子供たちは，学べば学ぶほど個人差が加速し，クラスの子供たちはどんどんバラバラに分けられていく。「こんなことを聞けば笑われるかも……」「こんなことも知らないのか……」等の思いが芽生え定着していく危険性がある。学べば学ぶほど，個々が離れていくという，なんとも皮肉な結果になってしまいかねない。学べば学ぶほど個々が離れていく教育ではなく，学べば学ぶほど個々が強く結ばれる教育を目指していかなければならない。

　一人一人が授業を通して，自分だけに役立つ知識を獲得するのではなく，みんなのために貢献できる知恵を獲得していけるような「個を生かす教育」を実現させていきたい。

【引用文献】
○塩野直道著『数学教育論』新興出版社啓林館，1970年

第4節 算数の深い学びを支える数学的な見方・考え方

1　数学的な見方・考え方の捉え方

Q　「数学的な見方・考え方」とはどのようなものですか。また，これまでの「見方」や「考え方」とどのように変わっているのですか。

　平成29（2017）年度改訂の学習指導要領（以下，「29年版」という）では，深い学びの鍵として「見方・考え方」を働かせることが重視されている（文部科学省，2017, p.8）。算数科においては，「数学的な見方・考え方」を再整理した上で，重視していくことになった。

　再整理された数学的な見方・考え方については，「小学校学習指導要領解説算数編」（以下，「解説」という）の第1章「2　算数科改訂の趣旨及び要点」や第2章第1節「算数科の目標」において説明されている。解説では，「今回，小学校算数科において育成を目指す資質・能力の三つの柱を明確化したことにより，『数学的な見方・考え方』は，算数の学習において，どのような視点で物事を捉え，どのような考え方で思考をしていくのかという，物事の特徴や本質を捉える視点や，思考の進め方や方向性を意味することとなった」（p.22）と概括的な説明がなされた後，「数学的な見方」「数学的な考え方」及び「数学的な見方・考え方」が次のように再整理されている。

第4節　算数の深い学びを支える数学的な見方・考え方

> 数学的な見方
> 　事象を数量や図形及びそれらの関係についての概念等に着目してその特徴や本質を捉えること
> 数学的な考え方
> 　目的に応じて図，数，式，表，グラフ等を活用し，根拠を基に筋道を立てて考え，問題解決の過程を振り返るなどして既習の知識及び技能等を関連付けながら統合的・発展的に考えること
> 数学的な見方・考え方
> 　事象を数量や図形及びそれらの関係などに着目して捉え，根拠を基に筋道を立てて考え，統合的・発展的に考えること　　　（pp.22-23）

　さらに，解説では，数学的な見方・考え方が，資質・能力の三つの柱である「知識及び技能」「思考力，判断力，表現力等」及び「学びに向かう力，人間性等」の全てに対して働かせるものであることや，算数の学習を通じてさらに豊かで確かなものとなっていくと考えられることが記されている（p.23）。前者の数学的な見方・考え方の位置付けについては，総括目標のリード文「数学的な見方・考え方を働かせ，数学的活動を通して，数学的に考える資質・能力を次のとおり育成することを目指す」にも反映されている。「数学的な見方・考え方を働かせ」というフレーズは「数学的活動を通して」とともに「数学的に考える資質・能力」全てに係っていると捉える必要がある。

　後者の数学的な見方・考え方の成長については，図形領域を例として確認しておく。学習指導要領の文言にもあるとおり，例えば図形を構成する要素に着目し，図形について学習していくが，下学年では，辺の数，直角の有無，等しい辺の数のような「図形の属性」に着目していく。学年が上がるにつれて，対角線や対称軸のような図形の「辺や角以外の属性」への着目，辺の平行性のような「構成要素の関係」

への着目，合同のような「図形と図形の関係」への着目というように，図形の見方が成長していく。図形の構成要素などに着目することや，そのための活動を仕組むことについては，これまでの算数科教育で重視されてきている。これまでの教材解釈や活動，授業における指導を数学的な見方・考え方という観点から精査することが求められる。

さて，解説の第1章「2　算数科改訂の趣旨及び要点」における「(3)算数科の内容構成の改善」では，平成28（2016）年12月の中央教育審議会答申（「幼稚園，小学校，中学校，高等学校及び特別支援学校の学習指導要領等の改善及び必要な方策等について」）を踏まえ，「算数科の内容については，児童が身に付けることが期待される資質・能力を三つの柱に沿って整理し，『知識及び技能』，『思考力，判断力，表現力等』については指導事項のまとまりごとに内容を示した」(p.9)こと及び「思考力，判断力，表現力等については主なものを記述するとともに，『数学的な見方・考え方』の数学的な見方に関連するものを，『～に着目して』という文言により記述した」(p.9) と示されている（下線は筆者による）。ここでは，第6学年「C　変化と関係」の比例の指導内容の記述を確認しておく。なお，平成20（2008）年度改訂の学習指導要領（以下，「20年版」という）の対応する箇所を併記する。

平成29年版　第6学年C(1)	平成20年版　第6学年D(2)
(1) 伴って変わる二つの数量に関わる数学的活動を通して，次の事項を身に付けることができるよう指導する。 ア　次のような知識及び技能を身に付けること。 　(ｱ)　比例の関係の意味や性質を理解すること。 　(ｲ)　比例の関係を用いた問題解決の方法について知ること。 　(ｳ)　反比例の関係について知ること。 イ　次のような思考力，判断力，表現力等を身に付けること。	(2)　伴って変わる二つの数量の関係を考察することができるようにする。 ア　比例の関係について理解すること。また，式，表，グラフを用いてその特徴を調べること。 イ　比例の関係を用いて問題を解決すること。 ウ　反比例の関係について知ること。

> (ア) 伴って変わる二つの数量を見いだして，それらの関係に着目し，目的に応じて表や式，グラフを用いてそれらの関係を表現して，変化や対応の特徴を見いだすとともに，それらを日常生活に生かすこと。

　この表から，「29年版」では，「知識及び技能」と「思考力，判断力，表現力等」という枠組みで内容が示されており，「20年版」では，それらが混在した表現となっていることが分かる。これらの観点を完全に書き分けることがそもそも可能かという見解もあるかもしれないが，「29年版」では，育成を目指す思考力，判断力，表現力等がより詳しく示されていると前向きに受け止めたい。

　また，「20年版」のア，イ，ウと，「29年版」の「知識及び技能」は概ね対応しているが，次の3点に注意が必要である。

① 「29年版」の思考力，判断力，表現力等の記述では，「伴って変わる二つの数量を見いだして，それらの関係に着目し，……」のように数学的な見方に関連するものが明示されている。

② 「20年版」のアにおける「式，表，グラフを用いてその特徴を調べること」が，「29年版」では，思考力，判断力，表現力等に位置付けられている。

③ 「20年版」のイが「比例の関係を用いて問題を解決すること」であるのに対して，「29年版」のア(イ)では「比例の関係を用いた問題解決の方法について知ること」となっている。

　①と②は，上で確認した数学的な見方・考え方の捉え方が，学習指導要領の本則で具体化されていることの表れといえる。ここでは，比例の内容を取り上げたが，他の内容についてもこうした構造で学習指導要領の内容が記述されていることを確認しておく必要がある。

　③については，問題を単に解決することだけでなく，「比例の関係にある二つの量に着目し，それらの関係の特徴を見いだし，その関係

を式や表などで表現し，問題を解決する」という「問題解決の方法」が獲得すべき知識の対象となっている点が，深い学びにつながるものであり注目したい。

なお，思考力，判断力，表現力等については，解説に示されているとおり，代表的なものだけが記述されていることから，当該の単元で学習する知識及び技能に対応させつつ，どのような見方・考え方を働かせることが必要で，そのためにどのような活動や授業展開がふさわしいか，ということを本則の記述を手がかりに具体化していくことが求められる。

2　深い学びと数学的な見方・考え方の関わり

Q　数学的な見方・考え方は「深い学び」とどう関わってくるのでしょうか。

学習指導要領の「第3　指導計画の作成と内容の取扱い」の1において，主体的・対話的で深い学びの実現に向けた授業改善として，次のように述べられている。

> (1)　単元など内容や時間のまとまりを見通して，その中で育む資質・能力の育成に向けて，数学的活動を通して，児童の主体的・対話的で深い学びの実現を図るようにすること。その際，<u>数学的な見方・考え方を働かせながら</u>，日常の事象を数理的に捉え，算数の問題を見いだし，問題を自立的，協働的に解決し，学習の過程を振り返り，概念を形成するなどの学習の充実を図ること。
>
> （下線は筆者による）

このことに関連して，解説においては，「数学的な見方・考え方」

第4節　算数の深い学びを支える数学的な見方・考え方

と「深い学び」の関連について次のように述べられている。

> 　さらに，日常の事象や数学の事象について，<u>「数学的な見方・考え方」を働かせ</u>，数学的活動を通して，問題を解決するよりよい方法を見いだしたり，意味の理解を深めたり，概念を形成したりするなど，新たな知識・技能を見いだしたり，それらと既習の知識と統合したりして思考や態度が変容する<u>「深い学び」を実現することが求められる。</u>　　　（p.318，下線は筆者による）

　これらの記述から，数学的な見方・考え方を働かせることで，問題を見いだし，解決し，その過程や結果を振り返り，「問題を解決するよりよい方法を見いだすこと」「意味の理解を深めたり概念を形成したりすること」「思考力，判断力，表現力等の成長」「態度の成長」など，資質・能力がよりよく育まれる「深い学び」を実現することが求められていることが分かる。

　例えば，「29年版」の第6学年「比例」の学習でこのことを簡単に考えてみよう（「29年版」の思考力，判断力，表現力等の記述については前記の表を参照のこと）。まず，日常生活の事象から伴って変わる2つの数量が関わる問題を見いだし，<u>それらの数量の関係に着目し</u>，比例の概念及び式，表，グラフといった関数の表現を理解し，習熟していく。さらに，比例でない関係としての反比例との対比や，比例を活用する問題（紙の枚数を全て数えることなく，比例を活用して求めるなど）を解決していくことで，比例の<u>理解を強化したり</u>，関数の種々の<u>表現の特徴やそのよさ及び比例を活用することのよさ等を感得していく</u>。そして，これらの知識等を，中学校の<u>関数の学習</u>や<u>日常事象の様々な問題の解決に生かそうとする態度を育んでいく</u>。

　なお，ここでは詳しく述べられないが，比例ないし関数については，第5学年の簡単な場合の比例，第4学年の変わり方や公式につい

41

ての考え方等の学習はもちろんのこと,数と計算のそれまでの学習などでもその素朴なアイデアは使われている。小学校低学年から中学校までの系統を踏まえ,第6学年の比例の指導を検討する必要がある。

3 数学的な見方・考え方を働かせた深い学びの具体例

(1) 「整数×小数」の計算の仕方

被乗数が整数で乗数が小数の乗法(以下,「整数×小数」と略記する。その他も同様)の学習について述べる前に,まず,第4学年の「小数×整数」の計算の仕方を考える学習について確認しておこう。これに関する「29年版」の思考力,判断力,表現力等の記述は次のとおりである(A(4)イ,下線は筆者による)。

> 数の表し方の仕組みや数を構成する単位に着目し,計算の仕方を考えるとともに,それを日常生活に生かすこと。

例えば0.3×5の場合,0.3が0.1の3個分であるという小数の表し方の仕組みや0.1という単位に着目し,0.1が(3×5)個すなわち15個となることから,積が1.5であることを見いだし,3×5を計算し,小数点を適切に位置付けるというように計算の仕方をまとめていく。

第5学年の(乗数が小数である場合の)小数の乗法に関する「29年版」の思考力,判断力,表現力等の記述は次のとおりである(A(3)イ,下線は筆者による)。

> 乗法及び除法の意味に着目し,乗数や除数が小数である場合まで数の範囲を広げて乗法及び除法の意味を捉え直すとともに,それらの計算の仕方を考えたり,それらを日常生活に生かしたりすること。

ここでは，「1mの値段が80円のリボンがあります。2.3mでは何円になるでしょうか」のような，比例を前提とした場面を想定し，比例の考えを活用しながら，計算の仕方を考えていく。

　もちろん，「小数×整数」と同様に，2.3が0.1の23個分という小数の表し方の仕組みや0.1という単位に着目することが必要である。しかし，ここではこれらに加えて，<u>拡張した乗法の意味</u>（80を1と見たときに，2.3に当たる大きさが80×2.3である）に着目する必要がある。0.1mの値段を80÷10＝8（円）と求め，次に2.3mの値段を8×23＝184（円）と求めていく。長さが1/10になると値段も1/10に，長さが23倍になれば値段も23倍になるという比例の考えが用いられていることに注意が必要である。

　計算の仕方を考えるに当たっては，184円という<u>結果</u>を得て満足するのではなく，結果に至った<u>過程を振り返る</u>ことが深い学びの実現に必要不可欠である。80×2.3が80÷10×23で求められると捉え直したり，乗数が小数の乗法が，乗数が整数の乗法と除数が10の除法に帰着されていることを押さえる。

　計算の仕方だけを形式的に学習するのはいわば「深くない学び」である。そうではなく，数学的な見方・考え方を働かせ，問題を解決し，得られた結果や過程を振り返り，計算の仕方を考えていくという「深い学び」を実現したい。さらに，2.3mではなく，例えば2.15mなどに長さを変えた問題を設定し，この計算を発展的に考えることができる。

(2) 「小数×小数」の計算の仕方

　「小数×小数」の学習では，「1mの重さが1.7kgのパイプがあります。このパイプ2.3mの重さは何kgですか」といった問題の解決を通して計算の仕方を考えていく。拡張された乗法の意味から，1.7×2.3と立式できる。例えば，上で述べた方法によって，この計算を乗数が整数の計算に帰着することができる。実際，1mで1.7kgなので0.1m

では1.7÷10＝0.17（kg），2.3mでは0.17×23＝3.91（kg）となる。この過程を振り返れば，1.7×2.3＝1.7÷10×23＝3.91であることが分かる。

　この方法では，数学的に表現された問題（1.7×2.3）を解決するために，乗数の2.3を整数23にしているが，被乗数の1.7は小数のままである。授業において計算の仕方を多様に考えさせる立場からはこの方法も取り上げるべきである。他方，「被乗数も乗数も整数にして，『整数×整数』によって答えが出るような，計算の仕方を考えることができないか？」という焦点化した問題を教室で共有し解決していくという展開も考えられる（「数学的に表現された問題」「焦点化した問題」の意味については解説（p.8）を参照のこと）。

　どちらの授業展開においても，「整数×整数」に帰着するためには，「乗数も被乗数も10倍すれば積は100倍になる」という「乗法に関して成り立つ性質」を活用して，計算の仕方を考えていくことになる。学習指導要領では，第4学年で「除法に関して成り立つ性質」は明示されているが，「乗法に関して成り立つ性質」は明示されていない。しかし，第3学年の「何十」と「1位数」の乗法や，第4学年の「小数×整数」の学習において，「被乗数または乗数を10倍すれば積も10倍になる」と乗法に関して成り立つ性質を顕在化しておきたい（図1）。

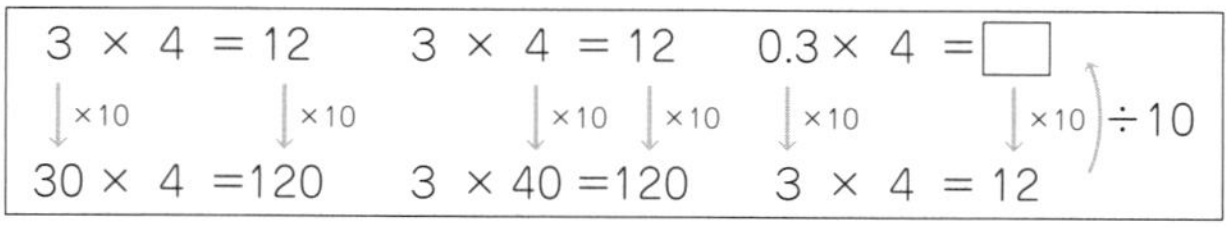

$$
\begin{array}{llll}
3 \times 4 = 12 & 3 \times 4 = 12 & 0.3 \times 4 = \boxed{} \\
\downarrow \times 10 & \downarrow \times 10 & \downarrow \times 10 \;\downarrow \times 10 & \downarrow \times 10 \;)\div 10 \\
30 \times 4 = 120 & 3 \times 40 = 120 & 3 \times 4 = 12
\end{array}
$$

図1

　こうした数量の関係や数の表し方の仕組みに着目し，この性質を活用して計算の仕方を考えるという数学的な見方・考え方を成長・強化させながら，「整数×小数」や「小数×小数」の学習においても，この見方・考え方を働かせ，計算の仕方を考えていく（図2）というような複数学年を見通した学習を展開していきたい。

```
80 × 2.3 = □        1.7 × 2.3 = □
    ↓×10  ↓×10 )÷10    ↓×10  ↓×10  ↓×100 )÷100
80 × 23 = 1840     17 × 23 = 391
```

図2

(3) ひし形の面積

第5学年では，三角形，平行四辺形，ひし形，台形の面積を学習する。これに関わる「29年版」の思考力，判断力，表現力等の記述は次のとおりである（B(3)イ，下線は筆者による）。

> 　図形を構成する要素などに着目して，基本図形の面積の求め方を見いだすとともに，その表現を振り返り，簡潔かつ的確な表現に高め，公式として導くこと。

　ここでも，単に公式を記憶し適用するのではなく，面積の求め方を見いだし，その表現を振り返り，表現を洗練し，公式を導くという「深い学び」が求められている。

　ひし形を平行四辺形と捉え面積を求めてもよいが，ここでの学習では「対角線が垂直に交わる」というひし形固有の性質に着目することが大切である。例えば，①4つの直角三角形への分割，②2つの三角形への分割，③4つの頂点を通り対角線に平行な4本の直線をひくことによる倍積変形，という方法が考えられる。①〜③は，対角線の長さが6cmと8cmのひし形の場合，例えば，次のような式で表現される。

① （4 × 3 ÷ 2） × 4
② （8 × 3 ÷ 2） × 2
③ 　6 × 8 ÷ 2

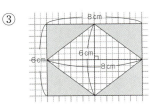

これらの式表現に着目し，全て「8×6÷2」または「6×8÷2」と見なせることを確認し，「(対角線の積)÷2」という公式を導く。特に，③6×8÷2における「6×8」について，ひし形に外接する長方形の面積という捉え方を，「ひし形の対角線の積」と捉え直すことを丁寧に扱いたい。

　この後，対角線が垂直に交わる四角形として正方形を取り上げ，例えば対角線の長さが8cmの場合，8×8÷2で面積が求められることを確認する。正方形とひし形の包摂関係を理解していればこのことは当然であるが，今日的な図形の指導の取扱いでは，正方形でも対角線の積で面積が求められることを押さえておく必要がある。これらの2つの結果の<u>共通点を見いだし</u>，（ひし形や正方形でなくても）対角線が垂直に交わる四角形であれば，面積が「(対角線の積)÷2」で求められるのではないか，と<u>統合的・発展的に考える</u>ことを促したい。そして，たこ形などの対角線が垂直に交わる四角形について，この問いを発展的に探究させたい。

【参考文献】
○文部科学省「小学校学習指導要領解説算数編」2017年6月

第5節
数学的活動を通した主体的・対話的で深い学びの実現

1 学習指導要領による枠組み

> **Q** 「数学的活動」はどのようなイメージをもったものですか。

(1) 育成すべき三つの資質・能力

新学習指導要領が最終的に目指しているものは、いわゆる「三つの資質・能力」と言われる以下の資質・能力の育成である。
- 生きて働く知識・技能
- 未知の状況にも対応できる思考力・判断力・表現力等
- 学びを人生や社会に生かそうとする学びに向かう力・人間性等

したがって、「主体的・対話的で深い学びの実現」を学習指導要領から読み取ろうとする場合は、上記の三つの資質・能力の育成のために算数科は何をすればよいのかという枠組みで学習指導要領が記述されていることをまずは押さえておく必要がある。

(2) 「主体的・対話的で深い学び」について

平成29（2017）年版「小学校学習指導要領解説算数編」（以下、「解説」という）では、「主体的・対話的で深い学び」について「第1章　総説」と「第4章　指導計画の作成と内容の取扱い」に記述されている。その記述について、以下にいくつか取り上げる（文部科学省，2017）。

・我が国の優れた教育実践に見られる普遍的な視点である「主体的・

対話的で深い学び」の実現に向けた授業改善（アクティブ・ラーニングの視点に立った授業改善）を推進することが求められる。
・授業の方法や技術の改善のみを意図するものではなく，児童生徒に目指す資質・能力を育むために「主体的な学び」「対話的な学び」「深い学び」の視点で，授業改善を進めるものであること。
・深い学びの鍵として「見方・考え方」を働かせることが重要となること。
・単元など内容や時間のまとまりを見通して，その中で育む資質・能力の育成に向けて，数学的活動を通して，児童の主体的・対話的で深い学びの実現を図るようにすること。

こうした記述から「主体的・対話的で深い学び」は，あくまで三つの資質・能力を育成するための授業改善の視点であることが分かる。

(3) 数学的活動について

数学的活動はこれまで算数的活動とされてきたものから，小学校，中学校，高校で共通に用いられる「数学的活動」となった。この数学的活動は「数学を学ぶ方法」であり，「学ぶ内容」でもあり，「学ぶ目標」であるとされている（解説pp.71-72）。

数学的活動がどのようなものであるのかについては，解説に以下のように記述されている。

> 数学的活動とは，事象を数理的に捉え，算数の問題を見いだし，問題を自立的，協働的に解決する過程を遂行することである。
> （解説p.71）

そして，この問題発見・解決の過程については，図1のような一連の活動を示した上で，「日常生活の事象を数理的に捉え，数学的に表現・処理し，問題を解決したり，解決の過程や結果を振り返って考えたりする」ことと「算数の学習から問題を見いだし解決したり，解決

第5節　数学的活動を通した主体的・対話的で深い学びの実現

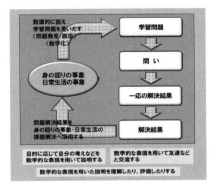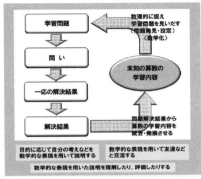

図1　一連の活動としての数学的活動

の過程や結果を振り返って統合的・発展的に考えたりする」ことの2つの過程が相互に関わり合っているとした。

　この学習過程は，算数の授業展開と必ずしも合致するものではなく，全ての算数の授業を図1のようなサイクルを経るように計画することは難しい。しかし，算数の単元計画，授業展開を考えるときには，授業が図1の中のどの過程に位置付くのかをよく考え，さらに授業を深めるためにはどのような活動を付加していけばよいのかを考えることは必要なことである。これまで多くの算数の授業は，算数の問題として簡略化された問題を提示し，その問題を解決するために「見通し」と称して解決の道筋が焦点化されて子供に示され，最終的に結果の正否は教師によって判断されるというものが多かった。これは，図1の真ん中の4つの過程（学習問題→問い→一応の解決結果→解決結果）を子供に通過させているだけに過ぎない。数学的活動としての学習過程が図1のように明確にされたことで，真ん中の4つの過程の前後に，「数理的に捉え学習問題を見いだす」こと，そして「問題解決結果から算数の学習内容を統合・発展させる」こと，「問題解決結果を身の回りの事象・日常生活の課題解決へ活用する」ことを授業や単元に位置付けることが重要となることが示された。また，様々な過程で対話的な学びの場が設定されることが予想されるが，そ

れは図1のどの過程に位置付いたものであるのか考え，その目的に沿った対話的な学びを行わなければならないことも示された。

なお，算数における数学的活動として，学習指導要領で

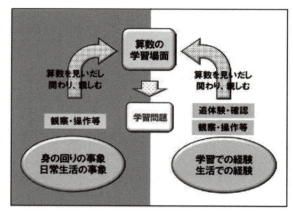

図2　小学校における特徴的な数学的活動

は「日常の事象から見いだした問題を解決する活動」「算数の学習場面から見いだした問題を解決する活動」「数学的に表現し伝え合う活動」を中核とした活動を各学年の内容として位置付けている。さらに，1～3年生については前述の3つの活動に加えて小学校における特徴的な数学的活動として「数量や図形を見いだし，進んで関わる活動」を加えている（図2）。こうした活動についてもその位置付けを意識して授業を計画しなければならない。

(4)　「主体的・対話的で深い学び」と数学的活動の関連

「主体的・対話的で深い学び」と数学的活動の関連について考えるに当たり，まず，算数科の目標を押さえておく必要がある。

第1　目　標

数学的な見方・考え方を働かせ，数学的活動を通して，数学的に考える資質・能力を次のとおり育成することを目指す。

(1)　数量や図形などについての基礎的・基本的な概念や性質などを理解するとともに，日常の事象を数理的に処理する技能を身に付けるようにする。

> (2) 日常の事象を数理的に捉え見通しをもち筋道を立てて考察する力，基礎的・基本的な数量や図形の性質などを見いだし統合的・発展的に考察する力，数学的な表現を用いて事象を簡潔・明瞭・的確に表したり目的に応じて柔軟に表したりする力を養う。
> (3) 数学的活動の楽しさや数学のよさに気付き，学習を振り返ってよりよく問題解決しようとする態度，算数で学んだことを生活や学習に活用しようとする態度を養う。

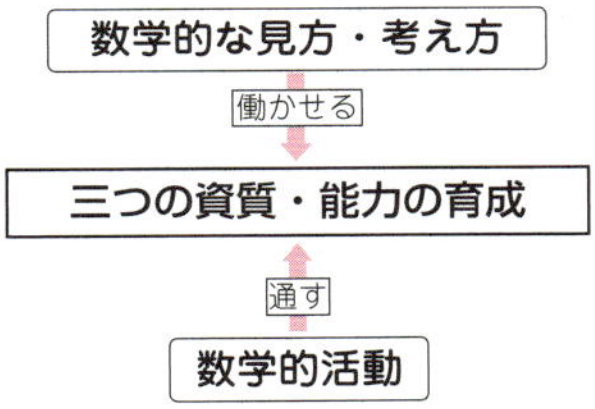

```
┌─────────────────┐
│ 数学的な見方・考え方 │
└─────────────────┘
       ↓ 働かせる
┌─────────────────┐
│ 三つの資質・能力の育成 │
└─────────────────┘
       ↑ 通す
┌─────────────────┐
│    数学的活動    │
└─────────────────┘
```

図3 三つの資質・能力の育成

前述したように学習指導要領が最終的に目指すものは三つの資質・能力の育成である。そして，この三つの資質・能力の育成を受けて算数科の目標が考えられ，前述の算数科の目標(1)(2)(3)はそれぞれ三つの資質・能力に対応するように設定されている（知識及び技能は(1)，思考力，判断力，表現力等は(2)，学びに向かう力，人間性等は(3)）。

さらにこの資質・能力を育成するために「数学的な見方・考え方」を働かせるのであり，「数学的活動」を通すのである（図3）。

また，算数における数学的な見方・考え方については，次のように整理されている。

> 事象を数量や図形及びそれらの関係などに着目して捉え，根拠を基に筋道を立てて考え，統合的・発展的に考えること　　（解説p.22）

前述のとおり，解説では「数学的活動を通して，児童の主体的・対話的で深い学びの実現を図るようにすること」，そして，「深い学びの鍵として『見方・考え方』を働かせること」とそれぞれ記述し，「主

体的・対話的で深い学び」と数学的活動，及び，「数学的な見方・考え方」との関係について明確にしている。したがって，これらのことをまとめると次のように整理できよう。

・算数の授業では数学的な見方・考え方を働かせ，数学的活動を通して三つの資質・能力を育成する。そのために主体的・対話的で深い学びの実現に向けた授業改善を行う。
・深い学びの実現には数学的な見方・考え方を働かせることが重要となる。

2　算数における主体的・対話的で深い学びの実現

Q 算数科において「主体的・対話的で深い学び」を実現するためにどのようなことを考える必要がありますか。

(1)　算数における主体的・対話的で深い学びについて

解説では算数科における「主体的な学び」「対話的な学び」「深い学び」について以下のように記述されている。

- **主体的な学び**

　算数科では，児童自らが，問題の解決に向けて見通しをもち粘り強く取り組み，問題解決の過程を振り返り，よりよく解決したり，新たな問いを見いだしたりするなどの「主体的な学び」を実現することが求められる。

- **対話的な学び**

　数学的な表現を柔軟に用いて表現し，それを用いて筋道を立てて説明し合うことで新しい考えを理解したり，それぞれの考えのよさや事柄の本質について話し合うことでよりよい考えに

> 高めたり，事柄の本質を明らかにしたりするなど，自らの考えや集団の考えを広げ深める「対話的な学び」を実現することが求められる。
>
> ・**深い学び**
>
> 　日常の事象や数学の事象について，「数学的な見方・考え方」を働かせ，数学的活動を通して，問題を解決するよりよい方法を見いだしたり，意味の理解を深めたり，概念を形成したりするなど，新たな知識・技能を見いだしたり，それらと既習の知識と統合したりして思考や態度が変容する「深い学び」を実現することが求められる。　　　（解説pp.317-318，下線は筆者）

(2)　「深い学び」を実現するために

「数学的な見方・考え方」を働かせることで「深い学び」は実現されるが，「数学的な見方・考え方」についてはこれまでも重要視され，それを成長させる方法についても様々な意見が提言されてきた。その中から，授業の在り方を含めて提言している2名の考えを挙げる。

「考え方なるものを抜き出して教えることが可能であるはずがない。（中略）課題を数学的に解決する力を伸ばすには，解決すべき活きた課題に当面させて正しく考え抜かせることにあろう。『考え方を伸ばす』には日々の教室活動をこのようにするより他に方法はあるまい。」（松原，1977）

「考える力は考える経験だけで伸びるのではなく，よい考え方を学ぶことによって伸びるということである。（中略）考える力を伸ばすためには，子供を考える場に置き，実際に考えさせると同時に，成功に導くことが欠かせない。それだけではなく，同時に，そこで用いられた考え方に目を向けさせなければならない。」（杉山，2012）

松原，杉山の指摘に共通していることは，「数学的な見方・考え方」

を成長させる方法は考える経験を積ませることとしている点である。そして，その経験に加えて松原は「正しく考え抜かせる」ことを挙げ，杉山はそこで用いられた考え方を顕在化させていくことを挙げた。このようなことから「数学的な見方・考え方」は，授業で考える場を設定することとともに，正しく考えることを指導すること，正しい考え方を省察し顕在化させそのよさに気付かせることによって成長するものと捉えられる。こうした「省察」「よさへの気付き」は前述の数学的活動に位置付けられた「問題解決結果から算数の学習内容を統合・発展させる」「問題解決結果を身の回りの事象・日常生活の課題解決へ活用する」といった活動を授業に設定することによって可能となる。

次に，深い学びに結び付く「考えるべきこと」とはどのようなものであるのかが問題となる。杉山は「答えが出ても考えるべきことはたくさんある」として「解決の方法をよりよくする」「問題の本質的なことを明らかにしようと努力する」「これまでに知っているものごととの関連を知ろうとする」等の例を挙げた上で，「いろいろなものが統合化されていることは，思考の節約といった意味からも価値のあることである」と述べ，「統合」の重要性を指摘した（杉山，2012）。杉山の指摘は既習の知識を見直すことであり，まさに，前述の「知識の構造や思考，態度が変容する『深い学び』」につながるものでもある。

こうしたことから，算数の授業を「数学的な見方・考え方」を働かせた「深い学び」の場としていくためには，考える場を設定し「見方・考え方」を省察するとともに，答えが出ても授業を終わりとせず，答えが出た後に「解決の方法をよりよくする」「問題の本質的なことを明らかにしようと努力する」「これまでに知っているものごととの関連を知ろうとする」等の活動を授業に設け，既習の知識の構造や思考，態度を変容させていくようにすることが教師に求められる。このような活動こそが，数学的活動の「問題解決結果から算数の学習内容を統合・発展させる」「問題解決結果を身の回りの事象・日常生

活の課題解決へ活用する」ことであり，さらに言えば「数理的に捉え学習問題を見いだす（問題発見・設定）」ことである。

(3) 算数として価値のある対話的な学びを実現するために

前述の算数で求められる「対話的な学び」の記述に「よりよい考えに高める」「事柄の本質を明らかにする」という記述があることから，対話的な学びはそのことによって算数として価値あるものを生み出す活動でなければならないことが分かる。授業では対話的な学びは様々な場面で考えられるが，子供任せにしていたのでは価値ある対話的な学びは実現できない。つまり，価値ある対話的な学びを実現させるために，教師は様々な配慮や手立てを講ずる必要がある。

例えば，大人でも自分の考えや意見を他人に説明する場合，たった1回の説明で相手が納得してくれることは滅多にない。また，解けなかった問題の解答欄を見ても，載っている解法の意味（式）が理解できないことがある。これは，他人の考えは自分の考えた文脈と異なっていて，実は分かりにくいことを示している。つまり，現実の社会では，自分の考えは相手に理解してもらえないことが多く，他人の考えは理解しにくいものでもある。授業での話合いの場で，子供が説明をした後，一斉に「いいです」と言わせ，その考えについて「分からない」という意見を封印してしまうことが多い。しかし，友達の説明を聞いても理解できない子供が一定数存在する可能性は否定できない。また，自分の考えを説明している子供が誰に向かって何を説明しているのかが不明確なまま授業が進められていることも多い。つまり，対話的学びの場が，自分の考えを理解してくれない友達を説得する場ではなく，優秀な子供の発表の場となってしまっているのである。

こうしたことを改善するには，教師は「人の考え方は理解しにくい」ということを前提にし，子供に友達の説明を自分が理解できるまで聞き直すことを課すようにすることが考えられる。そして，説明する子供には，既習の学習内容だけを活用して友達に説明することを課

すことも考えられる。このようにすることで対話的学びの場が，既習の知識の活用の場となり，さらには，知識の再確認の場となることが期待できる。これこそが算数として価値ある「知識の構造や思考，態度が変容する『深い学び』」の場と言え，さらに，前述の数学的活動である「目的に応じて自分の考えなどを数学的な表現を用いて説明する」「数学的な表現を用いて友達などと交流する」「数学的な表現を用いた説明を理解したり，評価したりする」活動の場であり，育てるべき三つの資質・能力の一つである「生きて働く知識・技能」を育成する場とも言える。

(4) 主体的な学びを実現するために

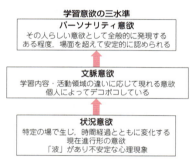

図4 学習意欲の三水準

前述したように「主体的な学び」は「問題の解決に向けて見通しをもち粘り強く取り組む」こととされている。これは，授業において単に子供の興味・関心を引くための工夫を求めているだけではなく，どんな場合においても算数の問題に意欲をもって取り組んでいく「学びに向かう力」の育成を目指したものであることを示している。この「学びに向かう力」は育てるべき三つの資質・能力であることは言うまでもない。

学習心理学者の鹿毛は学習意欲の高まりを図4の三つの水準に分け，最下層の意欲については，喚起されたりされなかったりと波がある不安定な「状況意欲」とした。また，最上層の意欲については，状況を超えて安定的に喚起されその人の人格としての要素ともなる「パーソナリティ意欲」とした。そして，この「パーソナリティ意欲」はロングスパンでじわじわと醸成される個人の特性であり，「学習に取り組む態度」でもあるとした。さらに，このパーソナリティ意欲は

「学習の意義や価値を実感するような状況意欲の積み重ねによって培われていく」とした（鹿毛，2008）。

また，子供の学習意欲の形成には教師の信念や姿勢が大きく影響しているとして以下のように述べた。

「（先行研究の成果を示した上で）教師が暗黙のうちにもっている信念が具体的な教育実践の在り方を規定し，それを通じて学習者の学習意欲に影響を及ぼしていることを明らかにしている。（中略）このような教育的な態度を背景にした教育実践でなければ，学習者との信頼関係が形成されず，いくら小手先で教育方法をいじってみたところで，効果は極めて限定されてしまう。」（鹿毛，2013）

つまり，子供が教師に言われたから考えるのではなく，主体的に子供自身で自ら考えるようになるためには，まず，教師自身が「答えが出たら終わり」とせず，答えが出た後に「もっと簡単にしたい」「もっと分かりやすくしたい」「場面を変えても同じことが言えるか調べたい」「今までの学習内容と同じと見たい」という数学的な見方・考え方を働かせた数学的活動を意欲をもって行っていくことが重要であり，そうした教師の姿勢が子供の主体性に影響を与えるということである。そして教師が信念をもち，かつ，長期的な展望をもって粘り強く日々の授業改善に取り組まなければ，子供の主体的な学びは実現されず，結果として「学びに向かう力」も育成されないのである。

【引用・参考文献】
○文部科学省「小学校学習指導要領解説算数編」2017年6月
○鹿毛雅治「学習意欲の育成と教育環境のデザイン」文部科学省教育課程課・幼児教育課編集『初等教育資料』No.839，東洋館出版社，2008年，pp.8-13
○鹿毛雅治著『学習意欲の理論』金子書房，2013年，p.303
○松原元一著『数学的見方考え方』国土社，1977年，pp.201-202
○杉山吉茂「考える力を育てる算数の指導」『確かな算数・数学教育をもとめて』東洋館出版社，2012年，p.162，p.164

第 2 章

学習指導要領に基づく算数の授業づくりのポイント

第1節 算数の授業づくりの新旧対応ポイント
―何が変わるのか・何を変えるのか―

1 授業のねらいの設定

Q 算数科において授業のねらいをどのように設定すればよいですか。

　授業づくりをする上で，授業のねらいをどう設定するかは，最初の要点である。学習指導要領では，資質・能力を「知識及び技能」「思考力，判断力，表現力等」「学びに向かう力，人間性等」の三つの柱で明確化し，この柱から教科等の目標及び内容を整理している。算数科において，どのような資質・能力を育てようとしているかに基づいて，授業のねらいを設定することが求められている。

　算数科で育てる資質・能力の中で，思考力，判断力，表現力等は，これまでも重視されてきている。学習指導要領では，

- 日常の事象を数理的に捉え見通しをもち筋道を立てて考察する力
- 基礎的・基本的な数量や図形の性質などを見いだし統合的・発展的に考察する力
- 数学的な表現を用いて事象を簡潔・明瞭・的確に表したり目的に応じて柔軟に表したりする力

と述べられている。「数理的に捉える」「筋道立てて考察する」「統合的・発展的に考察する」「簡潔・明瞭・的確に表す」こと等を，内容や学年に応じながら，授業のねらいとして繰り返し設定していくことが大切である。

知識及び技能の育成では,「生きて働く」知識・技能の習得が目指されていることにも注意が必要である。三角形の定義を覚えても,それを実際の問題場面で使えるとは限らないように,知識を単純に覚えるだけでは,その知識を別の場面で使うことができない。具体的な問題を解決する過程で実際に知識や技能を使い,それらをいつどう使うのかを知ったり,よさを感じたり,あるいは限界を学んだりすることを通して習得することが必要になる。三角形の定義も,具体的に様々な形を目にしたときに,それが三角形であるかどうか判断する経験を積む中で学ばれていくものである。このように,教師が知識や技能をどのように捉えて授業のねらいを考えるかが,授業づくりに及ぼす影響として小さくない。

また,学習指導要領では,「問題解決の方法についての知識」の習得にも言及がある。これは,方法知と呼ばれるタイプの知識である。例えば,第6学年の「変化と関係」では,「比例の関係を用いた問題解決の方法について知ること」という目標がある。また,同学年の「データの活用」には,「目的に応じてデータを収集したり適切な手法を選択したりするなど,統計的な問題解決の方法を知ること」という目標がある。方法知の習得では,具体的な場面での問題解決の過程を振り返り,まとめていくことが大切になるであろう。

思考力,判断力,表現力,学びに向かう力や人間性の育成はとりわけ,長期的な一連の授業の中で可能になる。そのため,単元というまとまり,複数の単元でのまとまり,さらに,隣接する学年等での内容のつながり等の中で見通しをもって,授業のねらいを考えることが必要である。

2　数学的な見方・考え方に基づく学習課題の提示

> **Q**　学習課題などを計画する際のポイントを教えてください。

　算数科の目標では，「数学的な見方・考え方を働かせ，数学的活動を通して」数学的に考える資質・能力を育てることが謳われている。これまでの算数科の目標では，「算数的活動を通して」が文頭にあったことを考えると，そこに，「数学的な見方・考え方を働かせる」ことが加わっている。すなわち，子供たちにどのような数学的な見方・考え方を働かせてほしいかを考えて，授業での学習課題や学習活動を計画することが重要になる。

　小学校学習指導要領解説算数編（以下，「解説」という）では，「数学的な見方」については，「事象を数量や図形及びそれらの関係についての概念等に着目してその特徴や本質を捉えること」と述べられている。また，「数学的な考え方」については，「目的に応じて図，数，式，表，グラフ等を活用し，根拠を基に筋道を立てて考え，問題解決の過程を振り返るなどして既習の知識及び技能等を関連付けながら統合的・発展的に考えること」と述べられている。「数量や図形及びそれらの関係への着目」「目的に応じた活用」「筋道立てて考えること」「統合的・発展的に考えること」等がポイントとなっている。

(1)　着目すべき対象に，子供の関心を向ける

　学習課題や活動を計画するに当たっては，子供に働かせてほしい数学的な見方・考え方に関心や注意が向くような提示の仕方，発問等を工夫することが大切である。

　その際，数学的な見方と考え方は密接に関係することに注意したい。盛山（2017）は，数学的な考え方が数学的な見方によって方向付

けられることの重要性を指摘し，「問題となる場面や事象のどこに目をつけるか」を大切にした授業の提案をしている。第2学年の実践例の導入部分では，子供たちが1，2，…6が書かれた数字カードの1〜4を使って2桁の引き算の筆算をつくり，「答えが一番小さい筆算をつくろう」という課題に取り組む様子が述べられている。盛山は，すぐに自力解決をさせるのではなく，「答えを小さくするには，十の位にどのような数字を入れたらいいか？」のような発問を挟むことが，数学的な見方・考え方を育てる上で有効であると述べる。そして，その理由を，「これは，十の位に着目させる発問である。対象を全体的に，また漠然と見ないで，視点を絞って考えさせるので，子どもは思考しやすい」(p.9) と述べている。実際，この発問によって，子供たちは，十の位は3－1より3－2にした方が小さくなると気付くだけでなく，「4－3」「2－1」となる数字カードも次々に挙げていった。小さい答えにしようとして，筋道立てて考えることが促されていることが分かる。

　この実践では，教師は，何に着目するかを具体的に示す発問をして観点を絞った考察を促進している。しかし，既に類似の授業をしている場合や子供の目が育ってきている場合は，「どこから考えるか」「どのような順に考えるか」「どこに着目して考えるか」「似ている問題はあるか」等，より一般的な問いかけで始めるとよいという。実践例の子供たちは，3，4，5，6を使ってやる次の課題では，自分から「十の位から考えて，その次に一の位を考えます！」と発言している。何に着目するかを考える機会をもつことは，子供を自立した問題解決者に育てることにつながる。

3　問題解決過程を重視する学習活動

Q これからの算数科の学習過程をどのように捉えればよいですか。

　算数・数学の学習は，問題解決の中で行われる。すなわち，子供を，問題を発見したり問題を解決したりする過程に従事させることが重要である。解説では，中央教育審議会答申（平成28年12月）において示された以下の図を基に，算数・数学の問題発見・解決の過程は，2つの過程が相互に関わり合って展開すると述べている。

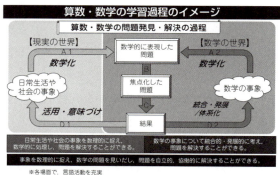

　2つの過程とは，「日常生活や社会の事象を数理的に捉え，数学的に表現・処理し，問題を解決し，解決過程を振り返り得られた結果の意味を考察する」という過程（図の左側の部分）と，「数学の事象について統合的・発展的に捉えて新たな問題を設定し，数学的に処理し，問題を解決し，解決過程を振り返って概念を形成したり体系化したりする」過程（図の右側の部分）である。また，これらの過程の各部分では，言語活動を充実することが重要であることも述べられている。

第 1 節　算数の授業づくりの新旧対応ポイント

　これらの過程は，子供が取り組む活動の全体像を示している。教師が算数・数学の問題発見・解決の過程を理解し，授業において過程のどの部分に焦点を当てるのかを意識し，子供たちが主体的に取り組めるような手立てを工夫することが大切である。

(1)　問題発見・解決の過程を提供する

　問題発見・解決の過程を提供することは，学習活動に変化をもたらす。ここでは，日常的な場面での事象を数理的に捉える過程を考えてみたい。齊藤（2015）は，「数学化」とも呼ばれるこの過程を重視し，現実の世界にできるだけ近い状況を準備して授業づくりを行っている。具体的には，単位量当たりの大きさの授業で，実際にスーパーで売っている色々なトマトの袋を教室に持ち込み，「どのトマトがお買い得か」を子供に考えさせた。子供の中には単価を計算して 6 個入りの袋が一番安くて得とする者もいたが，「多少高くても美味しいものがいい」と言う子供，「安いだけではだめ」とする子供等，「お買い得」は決着しなかったという。このように子供たちは，単位量当たりの代金を単純に比較しても不十分な場合があることを自ら指摘するとともに，条件が揃わないことが「お買い得」が決まらない原因であることを確認した。そして，品質，形状，味などが一様であることを条件とすれば，値段との関係で「お買い得」が決まることを確認していった。

　この実践では，異種の 2 量の割合で大小比較をすることが意味をもつためには，品質や形状が一様であるという条件が必要であることを，子供たちが見いだしている。この条件の下で，個数と値段が比例の関係にあることが仮定され，それらの量の割合を用いて比べることに意味が出てくる。このように，数学化の過程では，条件を整理し，仮定を置いたり，理想化したり，単純化したりする必要がある。もし，この問題を以下のように示したら，異種の 2 量の割合で大小比較ができる条件は，授業では問題になり難いと思われる。なぜなら，数

学化の過程は既に踏まれ，その結果だけが問題となっているためである。

AのトマトとBのトマトは，どちらが安いと言えますか。		個数	値段（円）
	A	2	250
	B	5	400

　奈須（2015）は，「私たちはわかりやすく，混乱しないようにとの配慮から文脈の単純化や断片化を進めてきたかもしれない。しかし，不自然なまでの過剰な単純化は，子どもの授業参加への道を狭め，かえって習得の可能性を引き下げ，さらにせっかく習得した知識さえ生きて働かない質のものに留めてきたのである」（p.31）と述べる。問題発見・解決の過程を提供することは，子供が自分なりに思考・判断する機会を与えることであり，その場で構成される知識の質にも影響を及ぼす。

（2）　問題を解決した後の活動を豊かにする

　問題発見・解決の過程に子供を従事させるとともに，その過程で使われる数学的な見方・考え方への注目を促すことが大切である。齊藤（2015）は，算数・数学で大切にしたい見方・考え方について，2つの視点から整理している。1つは，算数・数学の知識・技能を統合・包括する鍵概念である。「単位の考え」「測定の概念」「図形の構成要素」等，算数・数学の知識・技能に含まれる働きや価値を表す。もう1つは，算数・数学ならではの認識・表現の「方法」である。「形式化」「一般化」「統合・発展」等，算数・数学を学ぶ過程で身に付けていくものの見方や思考，表現の方法等である。これらの見方・考え方は，算数の学習で繰り返し使われている。子供たちがそのことに気付き，自ら既習事項と関連付けていくことができるようになるためには，授業の中にそれらを位置付けるだけでなく，子供がそれらを自覚し，意識的に使っていくような工夫が必要である。

そのための1つの場面として，問題を解決した後の振り返りの場面がある。例えば，量の学習では，単位を決めてそのいくつ分であるかで，量を測定していく。測定の概念は，長さについて，かさについて，重さについて等と，繰り返し学習される。重さについての単位を導入して問題を解決したならば，それで終わるのではなく，類似の場面が以前にもなかったかを問いかけ，何が共通していて，何が違うのかを子供から引き出して，整理することができる。その中で，「測る」「測定」等，本質を表す言葉での言語化も可能である。また，その鍵概念を積極的に道具として使ったり，他の場面でも適用できないかと考えたり，他の大小比較の方法と比べてその価値について考えたりする活動も考えられる。大切な見方や考え方を顕在化・価値付けをしていく手立てや活動を，授業の様々な場面で工夫したい。

4　子供の学習過程に着目した授業の改善に向けて

Q 学習過程に即した指導のポイントを教えてください。

　これまでは，授業づくりの3つの要点に対して，学習指導要領でのポイントを中心に述べてきた。これらは，子供の学習過程に着目しながら授業を組み立てて行くことの重要性を示している。換言すると，子供たちが学習課題に取り組むに当たって，どんな数学的な見方・考え方を働かせているかを捉え，そこに働きかけて，子供自身が問題解決に自覚的になっていくことを大切にするということである。子供の見方・考え方は多様であり，あまりうまくない働かせ方をしていることもあるだろう。そして，迷いが生じたり，間違った答えを導いたりしていることもある。それらを，授業の中で引き出し，議論の対象としていくことが大切である。それは，子供たちが他者や自己との対話

の中で，学びを深めていくことにつながっていく。

(1) 子供が対話したくなる状況をつくる

古藤ら（1998）は，多様な考えを子供たちが発表し練り合うことの教育的な意義を考察する中で，子供たちによる協力的追究活動として，「相互葛藤」「相互補充」「相互共感」「相互啓発」「相互称賛」「相互確認」を挙げている。また，多様な考えを練り合うステップとして以下の4つを挙げ，それぞれにおいて大切にしたいコミュニケーション活動を示している。

1. 妥当性の検討：個々の解法について，それが論理的に筋道立っているかどうかを検討する。
2. 関連性の検討：関連性の視点（関連・並列化，統合化，構造化等）から解法を見つめ直し，比較検討する。
3. 有効性の検討：有効性の視点（簡潔性，明確性，効率性，発展性等）から解法を見つめ直し，比較検討する。
4. 自己選択：ねらいに迫る解法が有効に働く問題を提示し，複数のやり方で解答したり，自分なりに最もよいと思う解法を選択したりする。

これらのステップは，学びを深めるための対話を授業で実践していく上で有益な示唆を与えてくれる。なぜなら，これらは，子供が自分の考えを他者と比較する機会をつくりだし，さらに，よりよい解法に向けて，自分の考えを見直したり，修正したりする機会を与えるためである。各ステップで行われるコミュニケーション活動は，子供たちが，自分がそれまで考えていなかった新しい何かを得ることを可能にするものである。

1〜4のステップの中で，3は授業で扱われることが多いのではないだろうか。一方，1や2はどうだろう。例えば，速さを比較する場面で，4kmを20分で進む乗り物Aと，5kmを15分で進む乗り物Bとを比較する場合を考えてみよう。問題文の数値の影響もあり，20÷4

と15÷5の式を立てて解決していく子供は少なくないであろう。このとき，割り算によって得られる5と3から，乗り物Bの方が速いと判断するところは，子供にとって難しい部分である。「1kmを進むのに何分かかるか」を表していると解釈し，数値が小さいBが速いと判断する子供のほかに，迷ってしまう子供や，数値が大きいAの方が速いとする子供もいるであろう。判断において意見が分かれることが予想されるため，その多様性を取り上げ，正しい判断はどれであるかを皆に分かるように説明をする場面をつくることができる。これは，妥当性の検討に相当する。どちらが正しいかが子供たちの関心の的であるため，友人と話す機会をもつと，話し合う内容が明確になり，やり取りが活性化する可能性が高い。友人や教師とのやり取りを通して，子供が自分の理解を見直し，より深い理解に至ることが期待される場面となる。

(2) 教師が対話のモデルを示す

さらに，主体的・対話的で深い学びを実現するためには，子供たちだけでなく，そこに教師も加わって学び合いをしていきたい。特に，教師は，自分自身が他者とのやり取りの中で，疑問を出したり，提案をしたり，新しい視点を得たりしていく過程を，子供を巻き込みながら見せていくことが大切である。なぜなら，そうした過程を知らないで授業に参加している子供が存在するし，さらに，個別的にその過程を経験していても，その価値を認識しているとは限らないためである。

授業の中で，教師自身が，「それってどういうこと？　先生はよく分からないのだけれど」と言ったり，「なるほどそういうことか」と頷いたり，「その考えは，今まで出ている考えと同じだろうか。どこが違う？」と視点の新しさに関心をもったり，「○○さんが出してくれた考えを，皆で直すことで，分かりやすくなったね」と学び合うことの価値付けをしたりしていく。教師が子供の意見を取り上げなが

ら，その意見を進展させていくことで，子供は，建設的な相互作用をどう実現するかが分かっていく。リチャートら（2015）は，モデリングと呼ばれるこの教師の力が，考える文化を形成するテコの1つの支点となることを指摘している。

(3) 子供が自分の成長を意識する振り返りを工夫する

最後に，授業において学んだことで，自分の考えが変わったり，理解が深まったりしたことを，子供が意識するような振り返りについて考えたい。自己の学びの深まりについて知ることは，学習を意味付け，次の学習への動機をもたらすことにもなる。

授業で扱った内容を適用して解決する問題を，授業の最後に入れることも1つである。自分の変化を意識することが目的であれば，授業で扱った問題を，どの方法を使うかを意識しながら再度解くということもあるだろう。前述した古藤らの「自己選択」とも言える。授業のはじめに自分が用いた方法と同じ方法で解決をするのか，それとも別の方法を使うのか，子供自身が意識することができる場面である。時間があれば，なぜその方法を選んだのかを聞いてみることも面白い。授業を通して学んだ方法をどう理解したか，その方法についてどう思っているかが垣間見られるかもしれない。

ペアやグループ学習の評価を行い，自分の「学び方」について振り返る機会をもつこともできる。グループで話し合うことの前後に，個別でその問題について取り組む機会をもち，グループによる話合いが自分の思考や理解に変化をもたらしたかどうかを評価するのである。グループで話し合う中で，自分の疑問を友人に問いかけた結果，フィードバックを得て，疑問が解決したかもしれない。あるいは，はじめは分からなかった友人の考えが，自分が考えていなかったアイデアを含んだものであることを知り，考えが広がったという経験をしたかもしれない。何が，自分の学びをもたらしたかを振り返り，互いに交流することで，様々な学びの機会があることを知ることができる。

【引用・参考文献】
○ 古藤怜・新潟算数教育研究会著『コミュニケーションで創る新しい算数学習：多様な考えの生かし方まとめ方』東洋館出版社，1998年
○ 齊藤一弥「算数・数学という文化を丁寧に受け継ぐ」奈須正裕・江間史明編著『教科の本質から迫るコンピテンシー・ベイスの授業づくり』図書文化社，2015年，pp.107-131
○ 盛山隆雄「数学的な見方・考え方の成長」新算数教育研究会編『新しい算数研究2017年7月号：特集　数学的な見方・考え方を働かせる算数の学びとは』東洋館出版社，2017年，pp.8-11
○ 中央教育審議会「幼稚園，小学校，中学校，高等学校及び特別支援学校の学習指導要領等の改善及び必要な方策等について（答申）（中教審第197号）」2016年12月
○ 奈須正裕・江間史明編著『教科の本質から迫るコンピテンシー・ベイスの授業づくり』図書文化社，2015年
○ 文部科学省「小学校学習指導要領解説算数編」2017年6月
○ R.リチャート，M.チャーチ，K.モリソン著/黒上晴夫・小島亜華里訳『子どもの思考が見える21のルーチン』北大路書房，2015年

第2節
資質・能力ベイスでの算数の教材分析の在り方
―― 見方・考え方と教材 ――

1 数学的な見方・考え方とは？

> **Q** 新学習指導要領における「数学的な見方・考え方」は，これまでの「数学的な考え方」とどのように変わったのですか。

　算数科の学習における「数学的な見方・考え方」については，新学習指導要領解説算数編（以下，「解説」という）では，「事象を数量や図形及びそれらの関係などに着目して捉え，根拠を基に筋道を立てて考え，統合的・発展的に考えること」であると述べられている。この中では，「『数学的な見方・考え方』は，資質・能力の三つの柱である「知識及び技能』，『思考力，判断力，表現力等』，『学びに向かう力，人間性等』の全てに対して働かせるもの」であると述べられている。

　現行の学習指導要領において，「数学的な考え方」は，思考・判断・表現を評価する観点（第2観点）として位置付けられている。前述のことから考えると，この現行で示されている数学的な考え方を新学習指導要領実施に向けて数学的な見方・考え方として捉え直す必要があると考える。つまり，数学的な見方・考え方は，これまでどおり「思考力，判断力，表現力等」に大きく関わることには相違はないが，知識・技能の習得の際や学びに向かう力を育成する際にも働くものとして認識しておく必要があるということである。

この「数学的な見方・考え方」のうち，「数学的な見方」について，解説では，「事象を数量や図形及びそれらの関係についての概念等に着目してその特徴や本質を捉えることであり」と述べている。これは，算数の問題解決を行うとき，事象における数量や図形及びそれらの関係を算数のめがねをかけてながめ，その特徴や本質を捉えることであると考えられ，学年を追うごとにそのめがねの精度を上げ，視野を広げていくことが求められていると考える。解説の中には，各領域において「～に着目して」と様々な内容について見方が示されている。これが，授業をするときの教材分析の視点になると考える。

　また，「数学的な考え方」については，解説では，「目的に応じて図，数，式，表，グラフ等を活用し，根拠を基に筋道を立てて考え，問題解決の過程を振り返るなどして既習の知識及び技能等を関連付けながら統合的・発展的に考えることである」と述べられている。授業のねらいに迫るために，児童に数学的な考え方を働かせながらどのような活動を行いどのような事柄について考察できるようにするかが重要になる。

　松原（1990）は，数学的な考えを増進させるのは，今考えている問題を実際に解決する過程で児童生徒が体得するものであると述べており，数学的な考え方は，具体的な問題解決の中で徐々に育っていくものであると考えられている。この精神を踏まえて教材分析を行い，今後の算数の学習指導に当たる必要がある。

2　各領域の内容における数学的な見方・考え方とは？

> **Q** 算数科の各領域における見方・考え方はどのようなものですか。

　解説では，各領域で働かせる数学的な見方・考え方に着目して各学年の内容を整理している。各領域における数学的な見方・考え方を挙げる。

●「A　数と計算」

・数の表し方の仕組みに着目して ・数量の関係に着目して ・問題場面の数量の関係に着目して	数の概念について理解し，その表し方や数の性質について考察すること
	計算の意味と方法について考察すること
	式に表したり式に表されている関係を考察したりすること
	数とその計算を日常生活に生かすこと

●「B　図形」

・図形を構成する要素に着目して ・図形を構成する要素及びそれらの位置関係に着目して ・図形間の関係に着目して	図形の概念について理解し，その性質について考察すること
	図形の構成の仕方について考察すること
	図形の計量の仕方について考察すること
	図形の性質を日常生活に生かすこと

●「C　測定」

・身の回りにあるものの特徴に着目して	量の概念を理解し，その大きさの比べ方を見いだすこと
	目的に応じた単位で量の大きさを的確に表現したり比べたりすること
	単位の関係を統合的に考察すること
	量とその測定の方法を日常生活に生かすこと

●「C　変化と関係」

・伴って変わる2つの数量の関係に着目して ・2つの数量の関係に着目して	伴って変わる2つの数量の変化や対応の特徴を考察すること
	ある2つの数量の関係と別の2つの数量の関係を比べること
	2つの数量の関係の考察を日常生活に生かすこと

●「D　データの活用」

・日常生活の問題解決のために，データの特徴と傾向に着目して	目的に応じてデータを収集，分類整理し，結果を適切に表現すること
	統計データの特徴を読み取り判断すること

ここに挙げた各領域の内容における数学的な見方・考え方は，領域全体の大きな枠組みとしてのものであるため，これを各学年の単元ごとに分けてそれぞれの内容に対応する数学的な見方・考え方を考える必要がある。ただし，見方と考え方を明確に区切ったり，「～の考え」など数学的な考え方を一般的な表現で細分化したりするのではなく解説に書かれているように内容に即して具体的に記述し，授業の中で意識して児童が活動できるようにしていくことが大切である。

3　問題発見・解決の過程を重視した授業づくり

> **Q** 算数科における問題発見・解決の過程とはどのようなものですか。

　上述の数学的な見方・考え方を大切にし，資質・能力ベイスでの授業づくりに向けて教材分析をする際に大切な視点は，まず，1つの単元を通してどのような力を付けさせたいのかを明確にすることであろう。授業では，問題発見・解決の過程を意識しながら，算数科における数学的に考える資質・能力の育成を目指したい。これは，中央教育審議会初等中等教育分科会教育課程部会算数・数学ワーキンググループによる次頁の図1が参考になろう。この図は，解説にも掲載されている算数・数学の学習過程のイメージに，育成すべき資質・能力を位置付けたものである。1時間の授業の中で日常生活や社会の事象，あるいは，数学の事象について，問題発見・解決の過程を1周することが理想であるが，この過程のどこか一部分に焦点を当てて授業をつくることも可能である。各学年の各領域の一つ一つの単元で授業のねらいを定めつつ小学校なりの育成すべき力を吟味する必要がある。

　第二に，授業をする上で，数学的活動を重視することである。数学的活動については，「事象を数理的に捉え，数学の問題を見いだし，問

第2章　学習指導要領に基づく算数の授業づくりのポイント

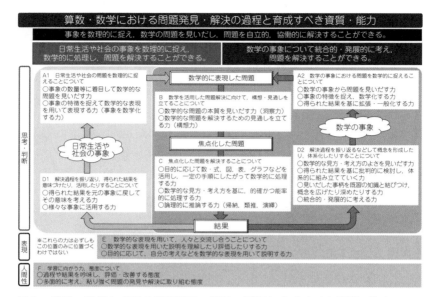

図1　算数・数学における問題発見・解決の過程と育成すべき資質・能力

題を自立的，協働的に解決する過程を遂行することである」とされている。これは，解説にあるように「身の回りの事象，日常生活の事象」と「未知の算数の学習内容」に区分されるが，日常の事象から見いだした問題を解決する活動と算数の学習場面から見いだした問題を解決する活動とが相互に関連し一連の活動として行われることを指している。そして，図2のような過程で問題解決を行うことが求められている。

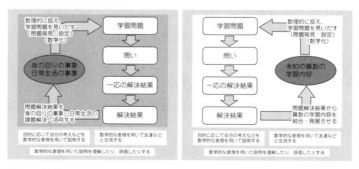

図2　算数における問題発見・解決の過程

4　授業実践のための具体的な教材分析

> **Q** 算数科の学習過程を生かした授業の展開をどのように考えればよいですか。また，その際のポイントは何ですか。

　前述の図2の「身の回りの事象，日常生活の事象」と「未知の算数の学習内容」について，具体例を挙げてその教材分析を考えたい。

　ここに挙げる具体例では，問題発見・解決の過程を1周ないし2周するような形で授業を構想するが，実際の授業では，前述のようにどこか一部分に重点をおいて実践することが考えられる。

(1)　身の回りの事象，日常生活の事象の問題解決の具体例

●第6学年　「C　変化と関係」　比例

> **問　題**
> 　東海道新幹線の新富士駅の辺りで，新幹線の座席から富士山がよく見えます。ひろしさんは，新横浜駅からのぞみ号に乗ります。
> 　ひろしさんは，新横浜駅からおよそ何分後に窓の外を見れば，富士山がよく見えるでしょうか。

　教科書では，すぐに下のように表が与えられ，何分後に富士山がよく見えるかを求める活動が設定されている。

　このような表が与えられるのであれば，2量の関係に着目することなし

	新横浜〜新富士	新横浜〜名古屋
時間x（分）	□	82
道のりy（km）	117	337

に，□の値を求めればよいことはすぐ分かってしまい，答えを計算するだけとなる。前述の図2の問題発見・解決の過程を重視する授業では，2量の関係が整理された表を与えて答えを求めさせるのではな

く，問題を解決するためにどのような数量に着目すればよいかという課題を見いだすことから丁寧に行う教材の分析が必要となる。

① 2量の関係に着目して数理的に捉え，学習課題を見いだすこと

問題提示の後，「この問題を解決するためには，何を調べたらよいだろうか」を問いたい。児童から新富士駅辺りで富士山がよく見えるのだから，新横浜駅から新富士駅までにかかる時間を調べればよいことを引き出したい。それには，どのようなデータがほしいかを検討する。ここでは，問題解決のために必要なデータが何かを探り，解決の見通しを立てることを意図する。児童からは，⑦新横浜から名古屋駅まで

図3　のぞみ号の時刻表

にかかる時間，④道のり（新横浜駅から新富士駅まで，新横浜駅から名古屋駅まで），⑰のぞみの速さ，など知りたいデータをできるだけ挙げさせる。そして，1つ1つを検討していく。⑦は，時刻表を調べてみればよいことを確認し，データ収集をする。14時辺りの時刻表を見てみると，のぞみは，新横浜駅から名古屋駅までノンストップで，最速82分で走行していることが分かる。

次に，④を調べるためには，地図が使えないかというアイデアを児童から出させたい。まず，地図上で新横浜駅，新富士駅，そして名古屋駅の位置関係を確認し，その距離を

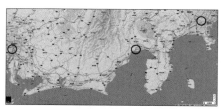

図4　新横浜駅から名古屋駅までの地図

新幹線の線路に沿ってできるだけ正確に測り取る活動を行う。そこから，新横浜駅から新富士駅までおよそ117km，新横浜駅から名古屋駅までおよそ337kmであると自分たちでデータを得ることができるようにしたい。そして，集めたデータで新横浜駅から何分後に富士山がよ

く見えるかを予想できるかと全体に投げかける。ここで前述の表に整理し，問題解決が行われる。

② **得られた結果を元の事象に戻して解釈する。**

この問題では，次のような解決が想定される。

・のぞみの速さを出す $\frac{337}{82} = 4.1097\cdots$　約4.1km／分
　　　　　　　　　　　　$117 \div 4.1 = 28.4688\cdots$　<u>答　約28分後</u>

・1km当たりにかかる時間を出す $\frac{82}{337} = 0.2433\cdots$　約0.24分／km
　　　　　　　　　　　　　　$0.24 \times 117 = 28.4688\cdots$　<u>答　約28分後</u>

・117kmが新横浜駅から名古屋駅までの距離337kmに対してどのくらいかの割合を出す　　　　$82 \times \frac{117}{337} = 28.4688\cdots$　<u>答　約28分後</u>

この解決に使ったのぞみの速さについて振り返って考察する。のぞみの速さは，約4.1km／分。この意味は，1分間で4.1km進むということ（分速）である。時速に直すと，$4.1 \times 60 = 246$（km／時）。つまり，時速246kmである。この値が妥当であるかを検証する。問題の解決には，新横浜駅から名古屋駅まで分速4.1kmで一定に走っていると考えている。実際には，加速したり減速したりしているがそれを一定と見なして考えていることを確認したい。そして，のぞみの速さの数値については，のぞみは最高時速270kmであるので，加速減速を考えると，時速246kmで一定として走っていると考えたことは妥当であるかどうか議論したい。そして，この速さを用いて，のぞみが走った道のりは，時間に比例していると見て解決していることに気付かせる。その式は，（のぞみの走った道のり）＝（のぞみの分速（4.1））×（のぞみの走った時間）である。この式をつくっておけば，ウナギで有名な浜名湖を通過するのは，新横浜駅から何分後か，新横浜からの道のりを調べれば分かる。このように，式をつくるよさについて触れることができ，次の問題の設定ができる。

教科書等で算数の問題は，ほとんどが児童の身近な話題を取り上げているが，問題解決を図るときには，既に算数の舞台に載せられてお

り，ただ計算をすればよいという形になっていることが多い。つまり，数学的な見方・考え方を働かせる場面がないまま問題を解決していることになってしまっている。よって，上に挙げた例のように授業の中で課題をつかみ，構想を立てるという段階と問題を解決した後にその過程や結果を振り返るという場面を設定することにより，着目する数量や考察する対象を明確にし，結果を統合したりそこから発展したりするという数学的な見方・考え方を発揮できるようにすることが大切であると考える。

(2) 未知の算数の学習内容の問題解決の具体例
●第5学年 「B　図形」　台形の面積

問　題

下の台形ABCDの面積の求め方を考えよう。

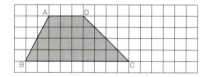

（1ますは1辺が1cmの正方形です。）

① 問題解決の構想を立てる

この問題を解決するために，これまで学習してきた図形の面積公式を使えないか，その構想を立てる。その中で，児童から，既習の図形に変えたり，分割したりできないかというアイデアを出させたい。その後，児童が既習事項を生かして次のように台形の面積の求め方を考えることが想定される。

㋐ 平行四辺形に
倍積変形

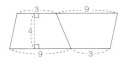

㋑ 直角三角形を足
して長方形に

㋒ 三角形2つに
分割

㋓ 三角形2つと
長方形に分割

㋔ 平行四辺形に
等積変形

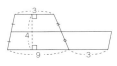

㋕ 三角形に等積
変形

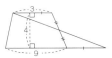

㋖ 三角形に等積
変形

㋗ 長方形に等積
変形

② 図形の構成要素に着目して既習の内容と統合

　発表の際は，台形は，長方形，平行四辺形，三角形に変形できたことを確認し，変形するときにどのような図形に帰着させているのか（倍積，分割，等積）を共有化したい。また，公式が導けたことで終わりにせず，その面積公式について，自分たちのそれぞれの解決を振り返らせたい。面積を求める過程の式を確認する。

　㋐は（9＋3）×4÷2。台形を2つくっつけることによって平行四辺形にしてその面積を求め，さらにそれを2でわっている。

　㋒は9×4÷2＋3×4÷2。2つの三角形の面積を足している。

　㋔は（9＋3）×（4÷2）。台形を高さが $\frac{1}{2}$ の平行四辺形にして平行四辺形の面積の公式を利用している。

　㋕，㋖は（9＋3）×4÷2。台形を三角形にして，三角形の面積の公式を利用している。

　㋗は（9＋3）÷2×4。台形を長方形にして，この長方形の横の

長さは（9＋3）÷2……上底と下底の長さの平均の値となっている。これを使って長方形の面積の公式を利用している。

　これらは，計算過程は違うが，全て（9＋3）×4÷2と表される。つまり，（上底＋下底）×高さ÷2に集約されていることを確認する。さらに，台形の面積の公式を見いだしたら，「この台形の面積の公式で長方形，平行四辺形や三角形の面積の求め方を見直したらどうだろうか」を問いたい。ここで，考えた結果を振り返る活動を仕組むということである。すると，次のように考えることができる。

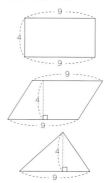

　例えば，長方形は，横の長さは上底と下底，縦の長さは高さと見れば台形と見ることができるので，（9＋9）×4÷2と表すことができる。

　平行四辺形は，上底と下底の長さが同じ台形と見ることができるので，（9＋9）×4÷2と表すことができる。

　三角形は，上底が0である台形と見ることができるので，（0＋9）×4÷2と表すことができる。

　このようにこれまで学習した図形の面積の公式から台形の面積を見いだすことができたことだけでなく，未知の数学の内容を学習したら，それを使ってこれまでの既習の内容を見直すという活動が大切であると考える。このように見直すことで，図形の構成要素に着目できる。図形の求積は，現行学習指導要領の「B　量と測定」領域であるが，新学習指導要領では，「B　図形」領域に変わるため，求積と頂点や対辺など図形の構成要素に着目することを関連付けることは重要となる。

5　資質・能力ベイスでの算数の教材分析

　授業実践を目指して行う資質・能力ベイスでの算数の教材分析で

は，単元ごとにどのような資質・能力を育成するのかを明確にする必要がある。発達段階によってどこまでを求めるのかを把握するには，その学年だけでなく系統的に下学年と上学年との内容のつながりを見ておく必要がある。

　次に，1つの単元，1時間の授業で働かせたい数学的な見方・考え方を吟味する必要がある。どのような事柄に着目させ，何を考察させていくのかをつかんで授業に臨むことが大切である。解説に書かれていることを参考にするとよいと考える。

　最後には，これらのことをどのような数学的活動を通して行うかを構想することが必要である。教材分析の際には，具体例で示したように算数・数学の問題発見・解決の過程を1周したらどのような活動が想定されるかを吟味しておくことが大切である。その上で，どの部分に焦点を当てて活動を設定するかを定めておくことが大切である。特に，算数の課題を見いだす活動や一旦問題を解決をした後，その解決過程や結果を振り返って問題の本質に迫る探究の活動を行うなど数学的なプロセスを重視する取組が望まれる。

【引用・参考文献】
○新算数教育研究会編『新しい算数研究2017年4月号』東洋館出版社，2017年
○藤井斉亮他著『平成26年検定済教科書　5年生下，6年生』東京書籍，2015年
○松原元一著『数学的見方考え方』国土社，1990年
○文部科学省「小学校学習指導要領解説算数編」2017年6月

第3節
資質・能力ベイスでの算数の評価の在り方
──子供をいかに見つめるか──

1 評価とは何をすることか

Q 学習評価とは，何を目的として，どのようなことをすることですか。

　教育の評価に関する課題は，古くて新しいものである。どのような教育活動も，その教育目標に即して進められる。しかし，教育の成果を精査する「評価」を行う段になって，教育目標を踏まえた総括がきちんとなされているかというと，現状の教育評価には多くの課題が残されていると言わざるをえない。特に，評価の妥当性（測定すべきものがきちんと測定されている評価）に大きな問題がある。

　日本語でいう「評価」という概念も，突き詰めて捉えようとすると様々な意味合いで用いられていることに気付く。相対評価から絶対評価へ，などと言われ異なる評価観が議論されたこともあったが，それが評価の過程なのか，評価の結果なのか，評価の方法なのか，いずれにしても「評価」という同じ語を使って議論をしていることが，評価の問題を混迷させる一因であったように思える。例えば英語で「評価」に相当する語を調べてみると，appreciation, appraisal, assessment, estimation, evaluation, grading, judgment, measurement, scoring, testing, valuation，など，様々な語を見つけることができる。もちろん，それぞれの語が意味するところは異なり，日本語の「評価」という概念の多義性をこのようなところから見ることができる。その

中に，教育評価に関する語として多用されるものとして，assessment（アセスメント）とevaluation（エバリュエーション）がある。

　全米数学教師協会（National Council of Teachers of Mathematics, NCTM）は，アセスメントを「児童・生徒がもつ算数・数学の知識，技能，態度についての事実・証拠を収集するプロセスであり，その証拠に基づき様々な目的に応じて何らかの推論を行うこと」とし，エバリュエーションを「試験・調査や判断に基づいて，価値を同定すること。アセスメントの情報を活用する一つの方法」としている（NCTM, 1995）。評価結果の価値付け（善し悪しを判断すること）に関して，アセスメントは価値付けを行わないのに対して，エバリュエーションでは明確に価値付けを行うところが主な相違点である。そしてエバリュエーションにおいては，価値を同定した結果を分かりやすくするために，何らかの数値化が図られるのが通例である。日本語の「評価」という用語には，アセスメントとエバリュエーションの両方の意味が含まれていると捉えるべきであろう。しかし，ともすればアセスメントは評価を行うための下準備と見なされ，エバリュエーションまで行わなくては「評価」としては不完全といった認識をする傾向にあるかもしれない。これからの教育評価においては，「アセスメント」としての評価の必要性・重要性・有用性をより一層認識する必要がある。

　一方，教育評価には，妥当性と信頼性の双方が兼ね備えられるべきであるとされる。評価の妥当性とは「評価（測定）しようと志している評価目標を，的確に測り得る性質のこと」であり，評価の信頼性とは「何回測っても，誰が測っても同じ結果を求めることができる性質」のことである。言い換えるなら，評価の妥当性とは「測るべきものを，きちんと測定・評価しているか」，評価の信頼性とは「誰が，いつ，どこで測っても同じ結果が得られるか」ということになろう。橋本（1976）は評価の妥当性を「評価用具の具備すべき第1の条件」

とし,その重要性を指摘している。妥当性に難のある評価は,いくらその信頼性が高くても全く意味がない。しかし昨今の教育評価には,著しく妥当性を欠くにもかかわらずその信頼性のみを追求しようとしているものが少なくないように見受けられる。これからの教育評価には,その「妥当性」を保証していくことが今まで以上に求められている。

2　教育評価の目的

何を目的として教育評価を行うかについて,橋本(1976)はその目的を大きく「指導目的」「学習目的」「管理目的」「研究目的」の4つにまとめている。
(1)　指導目的：指導をする教師の側から見たもの
(2)　学習目的：学習者自身の側から見たもの
(3)　管理目的：教師,学校管理者,大学,社会等から見たもの
(4)　研究目的：教師,学校経営者,教育計画立案者,一般市民から見たもの

通常の算数指導において行われる評価の多くは,算数の指導を目的とするものであろう。ただ,ここでの評価結果は,指導の成果を単にアウトプットするだけのものではないという点に留意したい。過去には文部科学省が「指導と評価の一体化」という概念を提唱している。これは,計画,実践,評価という一連の活動が繰り返されながら,児童のよりよい成長を目指した指導を展開するためのものである。指導と評価とは別物ではなく,評価の結果によって後の指導を改善し,さらに新しい指導の成果を再度評価するという,指導に生かす評価を充実させることが重要となる。

学習目的としての評価は,学習者自身に確実にフィードバックされるものでなければならない。「評価を児童の学習活動それ自体の中の

一部分として学習の場を構成する」ことが必要となる。そのために児童自身を評価者の立場に立たせ，自己評価や相互評価の様式によって，自己の学習の向上を図らせる必要があろう。

　管理目的としての評価は古くからなされてきたもので，高校・大学における入学試験や，就職における採用試験，その他の各種資格認定試験など，現代社会において依然として重要な役割を占めている。世間では「評価」というと，この管理目的としての評価をイメージする場合が多いかもしれないが，しかし「教育における本流をなす評価の目的とは言えない」（橋本，1976）との指摘がかなり前からなされている点にも留意したい。

　研究目的としての評価は，よりよい算数指導の実践を目指して研究を進めていく際のデータを集積するためのものである。OECDのPISA調査・TIMSSなどの国際比較調査や，文部科学省による全国学力・学習状況調査などは，評価の指導目的と並行して，「研究」を目的として行われている。また，このような大規模なものに限らず，教師が日々の実践において研究を進める際の手立てとなる情報収集も，研究目的としての評価として位置付けることができる。

3　教育評価の方法

 評価を行う際の，様々な観点を整理してまとめてください。

(1)　個別評価・集団評価

　個別評価とは個人の学力その他を評価するものであるのに対して，集団評価とは学級全体または学級内のグループを一つのまとまった集団として評価するものである。

　管理目的としての評価は，主として個別評価により行われる。ま

た，個に応じる指導を行うためには，個別評価を欠かすことはできない。児童の実態を個別に捉え的確に応じるために，各児童の理解の様相や関心・意欲・態度を的確に把握しなければならない。得られた評価結果を基に，学習の遅れを取り戻したり，児童の優れた能力を一層伸ばすための学習指導の展開が期待される。

一方で「対話的な学び」というキーワードのもと，今日の学習指導において集団解決の場の充実が強調されている。児童間・児童教師間の相互作用を介した双方向・多方向の学びが重視されている。そのためには，評価の対象を個人にのみ限定するのではなく，学習集団に対する評価の視点が必要である。集団評価は，その集団にとっての目標をどれだけ達成できたかを評価するものであるが，それ以外にも，個人間の相互作用（コミュニケーション）が有効に機能したか，お互いの考えを学び取ることができたか，集団の中での自分の役割を果たすことができたか，なども評価の対象となる。

(2) 診断的評価・形成的評価・総括的評価

診断的評価とは，学年・学期のはじめや単元のはじめなど，指導を始める前になされ，学習者の実態を把握するために行われる評価である。それは，新しい学習内容の指導を有効かつ円滑に進めるために，前提となる基礎的な知識・理解・技能・経験・情意などを調べるために行われる。また，新しい学習内容を習得するために，各児童が既にどの程度の知識・理解・技能をもっているか，どのような興味・関心・意欲をもっているか，を調べるための評価である。このようにして得られた結果は，指導計画を作成する際の重要な資料となる。

形成的評価とは，指導の途中で学習が順調に進んでいるかを把握するための評価である。指導の途中で，指導の進展や指導法の改善に役立たせるために，児童の学習達成状況を逐次把握し診断する。指導の途中とは，毎回の授業中であったり，単元の途中であったりするが，その時期において児童が学習内容を理解・把握できているかをモニ

ターし，その結果を必要に応じて児童自身あるいは教師にフィードバックするものである。児童へのフィードバックとは，個々の児童の達成状況に応じた適切な学習支援を行うことであり，児童は自分の学習課題の達成状況を客観的に知ることで，学習への主体的・積極的な取組や学習意欲を喚起させることができる。一方，教師へのフィードバックとは，教師が児童の反応を見て適材適所に対応し，必要に応じた軌道修正などを行うための情報を提供することである。

総括的評価とは，単元の終わりや学期の終わり，あるいは学年の終わりに当たり，その間の学習においてどれだけの成果を得ることができたか，どれだけ目標を達成することができたかを総括的に評価するものである。「評価」と言われて世間でイメージされるものの多くは，総括的評価である。総括的評価では，比較的短いサイクルで行われる形成的評価の積み重ねだけでは把握することのできないような，児童の包括的な側面を知ることができる。特に，思考力・判断力・表現力などの方法的能力（習得した知識・技能を活用して課題を解決するために必要な力），関心・意欲・態度などの情意的側面のように，長時間経過することで明らかになるものについては，長期にわたる総括的な評価により捉える必要がある。

文部科学省が「指導と評価の一体化」という概念を提唱して以降，「形成的評価」の重要性が改めて指摘された。それは「学習に活かす」ための評価であり，エバリュエーションの結果として数値化されたデータもさることながら，「児童生徒がもつ算数の知識，技能，態度についての事実・証拠」を客観的に描写したアセスメントのデータが，形成的評価（指導と評価の一体化）において，より有効に機能する点に留意したい。

(3) 相対評価・絶対評価

相対評価とは，児童の所属する集団の成績分布における個人の相対的位置を示すことで，評価を行う方法である。通常は，児童の成績が

正規分布に従うことを前提としている。相対評価の典型例である5段階評定では，平均点mと標準偏差σにより，m－1.5σよりも低い得点を1（全体の7％），m－1.5σからm－0.5σまでを2（全体の24％），m－0.5σからm＋0.5σまでを3（全体の38％），m＋0.5σからm＋1.5σまでを4（全体の24％），m＋1.5σよりも高い得点を5（全体の7％）としている。これを偏差値で数値化すると，得点がmのときに偏差値は50となり，m－2σが30，m－σが40，m＋σが60，m＋2σが70である。

一方，絶対評価とは，各児童が習得した内容や伸長した能力などを，あらかじめ定められた基準に照らし合わせて評価する方法である。例えば，学習指導要領に示された目標の実現状況を見る評価が，これに相当する。指導と評価の一体化に代表される「学習に活かす」ための評価を志向した場合，集団における相対的な位置を数値化した相対評価の結果だけではほとんど役に立たない。児童一人一人の進歩の状況や教科の目標の実現状況を的確に把握し，学習指導の改善に生かすためには，絶対評価の結果が必要となる。

平成10年の学習指導要領改訂において，文部科学省は指導要録における評定を「集団に準拠した評価」（いわゆる相対評価）から「目標に準拠した評価」（いわゆる絶対評価）へと改めた。このことは，従来「管理目的としての評価」に重点が置かれてきたことに対して，「指導目的としての評価」へ評価の重点が置かれるようになったことの現れと見ることができる。

4　資質・能力の評価

Q 新学習指導要領の趣旨を生かすために，どのような事柄をどのように評価すべきですか。

第3節　資質・能力ベイスでの算数の評価の在り方

　文部科学省は新学習指導要領において，「各教科においては，育成を目指す資質・能力の三つの柱を明確化し，深い学びにつなげていくことが求められている」とし，算数科において育成を目指す資質・能力を次のようにまとめている。

◎　数学的な見方・考え方を働かせ，算数の学習を生活や学習に活用するなどの数学的活動を通して，数学的に考える資質・能力を次のとおり育成することを目指す。
①　数量や図形などについての基礎的・基本的な概念や性質などを理解するとともに，日常の事象を数理的に表現・処理する技能を身に付ける。
②　日常の事象を数理的に捉え見通しをもち筋道を立てて考察する力，基礎的・基本的な数量や図形の性質などを見いだし統合的・発展的に考察する力や，数学的な表現を用いて事象を簡潔・明瞭・的確に表したり柔軟に表したりする力を養う。
③　数学のよさに気付き，算数の学習を生活や学習に活用したり，学習を振り返ってよりよく問題解決したりする態度を養う。

(中央教育審議会初等中等教育分科会教育課程部会算数・数学WG, 2016)

　これらの資質・能力は，「知識・技能」「思考力・判断力・表現力等」「学びに向かう力・人間性等」の三つの柱に沿って整理され，次のようにまとめられている。

「知識・技能」
●数量や図形などについての基礎的・基本的な概念や性質などの理解
●日常の事象を数理的に表現・処理する技能

●数学的な問題解決に必要な知識

「思考力・判断力・表現力等」

●日常の事象を数理的に捉え,見通しをもち筋道を立てて考察する力

●基礎的・基本的な数量や図形の性質や計算の仕方を見いだし,既習の内容と結びつけ統合的に考えたり,そのことを基に発展的に考えたりする力

●数学的な表現を用いて事象を簡潔・明瞭・的確に表したり,目的に応じて柔軟に表したりする力

「学びに向かう力・人間性等」

●数量や図形についての感覚を豊かにするとともに,数学的に考えることや数理的な処理のよさに気付き,算数の学習を進んで生活や学習に活用しようとする態度

●数学的に表現・処理したことを振り返り,批判的に検討しようとする態度

●問題解決などにおいて,よりよいものを求め続けようとし,抽象的に表現されたことを具体的に表現しようとしたり,表現されたことをより一般的に表現しようとするなど,多面的に考えようとする態度

そして,資質・能力の育成のために重視すべき学習過程の例として次の諸点が挙げられている。

- 疑問や問いの気付き
- 問題の設定
- 問題の理解,解決の計画

- 解決の実行
- 解決したことの検討
- 解決過程や結果の振り返り
- 新たな疑問や問いの気付き

　資質・能力の育成のために重視すべき学習過程として例示されている数学的活動は，そのまま「資質・能力ベイスでの算数の評価」のための観点として捉えることができる。これらの「観点」には，「知識・技能」「思考力・判断力・表現力等」「学びに向かう力・人間性等」の３点が内包され，その詳細は上述の通りである。

　「知識・技能」として整理される資質・能力の評価を行う際には，児童の数学的活動の成果として獲得された概念や性質，技能，知識などのアセスメント（どのような知識・技能を獲得したかを客観的に述べること）をした上で，最終的にはそれぞれの数学的活動における目標に即したエバリュエーションまでを行いたい。特に，形成的評価としてのアセスメントを有効に機能させることが，指導目的や学習目的に適う有効な評価となる。

　「思考力・判断力・表現力等」として整理される資質・能力の評価を行う際には，個別評価に加えて「集団評価」としての観点にも留意したい。特に「見通しをもち筋道を立てて考察する力」「統合的に考えたり，発展的に考える力」「事象を簡潔・明瞭・的確に表す力」などは，学習集団による「対話的学び」において発現される。これらの資質・能力についてもきちんとアセスメントを行い，指導目的や学習目的に適う評価として，児童のさらなる資質・能力の育成へと資するものにしたい。

　「学びに向かう力・人間性等」として整理される資質・能力の評価については，特に「アセスメントとしての評価」に留意したい。ここ

で述べられている「態度」とは，児童の数学的活動において様々な形で発現する。したがって，それらをエバリュエーション（価値付け）すること，特に「優劣をつけること」に大きな意味があるとは思えない。ここでの評価はアセスメント（どのような態度が培われたかを客観的に述べること）に止め，どのような態度についても肯定的に評価していくべきであろう。

5 子供をいかに見つめるか

> **Q** 新学習指導要領の趣旨に鑑み，どのような視点から子供たちの数学的活動を評価すべきですか。

　これからの教育評価を考えるに当たり，ぜひ留意しておきたいことの一つが「児童による自己評価」である。二宮（2006）は，「学習の振り返りやまとめ（自己評価）」を，学習活動の終末においてのみ行われるべきものではないとしている。数学的活動を進める際に，実は常にそこには不断の評価活動が，意識的に／無意識的に必ず介在していると捉えるべきとした。それは例えばメタ認知のように，自分自身の学習活動を絶えずモニター・コントロールする働きである。つまり数学的活動における「学習の振り返りやまとめ」は，形成的な自己評価として学習の進展に合わせて絶えず行われているものとして捉えることができ，学習活動の成果は「不断の自己評価活動の集成」として捉えられることを主張している。そして，本当の意味での学習の成果を，「知識・技能を獲得した自分を認識していること」とした。

　新学習指導要領では「学びに向かう力・人間性等」に含まれる資質・能力として，「数学的に表現・処理したことを振り返り，批判的に検討しようとする態度」をその一例としている。ここで，算数科において育成を目指す資質・能力を踏まえた数学的活動において強調し

ておきたいことの一つが,「学習の振り返りとまとめ」である。このことは,学習の成果を学習者自身で客観的に捉えることを求めるものであり,それは主体的で自覚的な数学的活動を促すことへとつながる。そして,主体的で自覚的な活動(自分の活動を自分できちんと理解して行うこと)こそが,その数学的活動をより充実したものにすると考えることができる。

このような捉え方をすると,資質・能力ベイスでの算数の評価において「子供を見つめる教師の視点」は,単に上述した子供たちの「資質・能力の育成」のみならず,子供たちが「いかに自分たちを見つめているか」を見つめることまでを「教師の視点」とすることが適切と考えられる。本当の意味で子供たちに「主体的・対話的で深い学び」を実現させるためには,「育成すべき資質・能力」を教師のみが捉えるのではなく,学習者自身にそれを意識・自覚させていく必要がある。そのためには,それを促す「学習目的としての評価」を念頭に置き,教師は子供たちを見つめていかなければならない。

【引用・参考文献】
○中央教育審議会初等中等教育分科会教育課程部会算数・数学ワーキンググループ「算数・数学ワーキンググループにおける審議の取りまとめ」2016年8月
○二宮裕之「算数・数学学習における評価とその成果に関する一考察——レポート形式の評価の事例を手がかりとして——」『日本数学教育学会誌』第88巻第10号,2006年,pp.12-21
○橋本重治著『新・教育評価法総説』金子書房,1976年
○NCTM (1995) Assessment Standards For School Mathematics, National Council of Teachers of Mathematics

第4節
学習指導要領で描く新しい算数の単元の在り方
── 見方・考え方でつなぐ単元 ──

1 「数学的な見方・考え方」で単元をつなぐとは

Q 「数学的な見方・考え方」で単元をつなぐと、どのようなよさがありますか。

　学習指導要領では、教育課程全体を通して、これからの時代に求められる資質・能力を育成し、生涯にわたって能動的に学び続けることができるようにすることが期待されている。特に、算数科においては、教科固有の資質・能力として「数学的に考える資質・能力」の育成が担われており、学習指導要領の第2章第3節算数の「第3　指導計画の作成と内容の取扱い」の1において、「数学的な資質・能力」の育成に当たり、次のような配慮事項が挙げられている。

> 1　指導計画の作成に当たっては、次の事項に配慮するものとする。
> (1)　単元など内容や時間のまとまりを見通して、その中で育む資質・能力の育成に向けて、数学的活動を通して、児童の主体的・対話的で深い学びの実現を図るようにすること。その際、数学的な見方・考え方を働かせながら、日常の事象を数理的に捉え、算数の問題を見いだし、問題を自立的、協働的に解決し、学習の過程を振り返り、概念を形成するなどの学習の充実を図ること。

　このことから、「数学的に考える資質・能力」の育成に向けて、以

下の点に配慮する必要がある。
　①　単元など内容や時間のまとまりを見通すこと。
　②　児童の数学的活動を通して「主体的・対話的で深い学び」の実現を図ること。
　③　「主体的・対話的で深い学び」の実現を図る際には，算数科の特質に応じた見方・考え方である「数学的な見方・考え方」を働かせながら自立的，協働的に学ぶこと。

　つまり，大切にしたいことは，1時間の授業のみを見るのではなく，単元，内容や時間のまとまりを見通して「数学的に考える資質・能力」を成長させること，その際，「数学的な見方・考え方」を働かせながら「主体的・対話的で深い学び」の実現に向かうことである。

　そもそも，算数の授業に限らず，1時間の授業の充実のためには，単元という大きなくくりの中で意図的，計画的に指導することが効果的であり，子供の学びの在り方を，単元レベルで構想することに大きな価値がある。さらに，単元と単元の関連にも目を向け，単元相互の関わりを明確にし，見通しをもち継続的，重点的に指導することで，効果の最大化を図ることができる。

　そこで，「数学的に考える資質・能力」の育成においても，単元及び単元相互に共通する「数学的な見方・考え方」を明確にし，子供の学びを見通しながら「数学的な見方・考え方」を十分に働かせた数学的活動の充実を図りたい。このように，単元及び単元相互に共通する「数学的な見方・考え方」を明確に捉え，単元構成，授業展開に反映させ，数学的活動の中で，その「数学的な見方・考え方」を十分に働かせることができるようにすることが，「数学的な見方・考え方」で単元をつなぐことである。

2 「数学的な見方・考え方」で単元をつなぐポイント

Q 「数学的な見方・考え方」で単元をつなぐポイントを教えてください。

(1) 単元を貫く「数学的な見方・考え方」でつなぐ

「数学的な見方・考え方」をつなぐ1つ目のポイントは，単元を貫く「数学的な見方・考え方」を捉えることである。その際，小学校学習指導要領解説算数編（以下，「解説」という）の第2章第2節「2 各領域の内容の概観」にある「数学的な見方・考え方」の表が活用できる。領域ごとに，各学年で働かせ，豊かにしたい「数学的な見方・考え方」に着目して内容が整理されている。

例えば，第3学年における図形領域の二等辺三角形，正三角形の学習では，おおむね，次のような学習展開で単元が構成される。

時	小単元	学習内容
1	1 三角形のなかまわけ	円周を使って，三角形をかき，辺の長さに着目し仲間分けする。
2		辺の長さに着目し，二等辺三角形，正三角形を理解し弁別する。
3	2 三角形のかき方	二等辺三角形のかき方を考える。
4		正三角形のかき方を考える。
5		円周と中心を使って，三角形をかく。
6	3 三角形と角の大きさ	角の大きさの意味を知り，三角定規の角の大きさを調べる。
7		二等辺三角形，正三角形の角の大きさを調べる。
8	4 算数をつかって	三角形を敷き詰める活動。 身の回りから三角形を探す活動。

第1，2小単元では，辺の長さに，第3小単元では，角の大きさに着目させ，二等辺三角形，正三角形を理解することになっている。

そこで，本単元で働かせ，豊かにしたい「数学的な見方・考え方」を捉えるために，解説の第2章第2節「2 各領域の内容の概観［B 図形］」（p.50）における表を見たい。

数学的な見方・考え方	・図形を構成する要素，それらの位置関係や図形間の関係などに着目して捉え，根拠を基に筋道を立てて考えたり，統合的・発展的に考えたりすること			
	図形の概念について理解し，その性質について考察すること	図形の構成の仕方について考察すること	図形の計量の仕方について考察すること	図形の性質を日常生活に生かすこと
第1学年	・形の特徴	・形作り・分解		・形 ・ものの位置
第2学年	・三角形，四角形，正方形，長方形，直角三角形 ・箱の形	・三角形，四角形，正方形，長方形，直角三角形 ・箱の形		・正方形，長方形，直角三角形
第3学年	・<u>二等辺三角形，正三角形</u> ・円，球	・<u>二等辺三角形，正三角形</u> ・円		・<u>二等辺三角形，正三角形</u> ・円，球
第4学年	・平行四辺形，ひし形，台形 ・立方体，直方体	・平行四辺形，ひし形，台形 ・直方体の見取図，展開図	・角の大きさ ・正方形，長方形の求積	・平行四辺形，ひし形，台形 ・立方体，直方体 ・ものの位置の表し方
～以下略～				

　表を見ると，本単元で働かせ，豊かにしたい「数学的な見方・考え方」として，「図形を構成する要素に着目すること」「図形の概念について理解し，図形の性質について考察すること」「図形の構成の仕方について考察すること」「図形の性質を日常生活に生かすこと」が示されている。これらを小単元の構成に合わせて表すと，次頁の表のようになる。すると，「数学的な見方・考え方」の中で，「図形の構成要

素に着目すること」が，単元を貫いて各時間で働かせ，豊かにしたい「数学的な見方・考え方」であることが明らかになる。

時	数学的な見方・考え方	学習内容
1	図形の構成要素に着目すること／図形の性質について考察すること／図形の構成の仕方について考察すること	円周を使って，三角形をかき，辺の長さに着目し仲間分けする。
2	〃	辺の長さに着目し，二等辺三角形，正三角形を理解し弁別する。
3	〃	二等辺三角形のかき方を考える。
4	〃	正三角形のかき方を考える。
5	〃	円周と中心を使って，三角形をかく。
6	〃	角の大きさの意味を知り，三角定規の角の大きさを調べる。
7	〃	二等辺三角形，正三角形の角の大きさを調べる。
8	図形の構成要素に着目すること／図形の性質について考察すること／日常生活に生かすこと	三角形を敷き詰める活動。身の回りから三角形を探す活動。

　したがって，単元を構成するに当たっては，図形の構成要素に着目した数学的活動として，弁別，具体操作，構成活動をふんだんに取り入れた指導計画を考えたい。つまり，「図形の構成要素に着目すること」を重視して，単元の数学的活動をつなげることである。なお，「数学的な見方・考え方」のうち，「根拠を基に筋道立てて考えたり，統合的・発展的に考えたりすること」は，全ての単元を通して位置付けられるもので，本単元の「図形の構成要素に着目すること」を数学的活動としたときに，「数学的に考え伝え合う活動」の中で，「根拠を基に筋道立てて考え，統合的・発展的に考えたりすること」が一連の活動として行われるものとして捉えたい。

(2) 単元と単元を「数学的な見方・考え方」でつなぐ

　「数学的な見方・考え方」をつなぐ2つ目のポイントは，単元と単

元をつなぐ「数学的な見方・考え方」を据えることである。先に例示した第3学年の二等辺三角形，正三角形の単元は，第2学年の三角形，四角形の学習からつながり，第4学年の立方体，直方体の学習へつながるものである。これらの単元に共通する「数学的な見方・考え方」は，再び，解説の第2章第2節「2 各領域の内容の概観［B　図形］」から読み取ることができる。

　これらの単元は，「図形を構成する要素に着目すること」「図形の概念について理解し，性質について考察すること」「図形の構成の仕方について考察すること」「図形の性質を日常生活に生かすこと」という「数学的な見方・考え方」でつながることが分かる。

　例えば，「図形を構成する要素に着目すること」は，各学年で，次の表のように，着目する構成要素の内容が位置付けられる。

学　年	着目する構成要素
2	辺の数，角の形（，辺の長さ）
3	辺の長さ，角の大きさ
4	面の数，形

　子供たちがこのような観点から図形と関わり，確かな概念形成を図ることになる。そのために，問題提示を工夫したり観点に気付く発問をしたりして授業を展開したい。

　また，その際，大切にしたいことは，学年が進むにつれて，子供自身が，自ら「図形の構成要素に着目すること」ができるようにしていくことである。例えば，第3学年の第1単元の「1　三角形のなかまわけ」の学習では，直観的な形の大小や広狭ではなく，第2学年での長方形と正方形の学習を想起させ，辺の長さの違いに着目して仲間分けしたときに働かせた「図形の構成要素としての辺の長さに着目する」という見方・考え方を働かせたい。その上で，第4学年の直方体，立方体の学習では，これまで学習した図形の構成要素の中から，辺の長さに着目して，「辺の長さに着目して考察する」という見方・

考え方を自ら選択し働かせて，面の形の違いとして捉え直し，長方形だけで囲まれた形，長方形と正方形で囲まれた形を直方体，正方形だけで囲まれた形を立方体と定義させたい。

このように，単元と単元をつなぐ「数学的な見方・考え方」を，子供自身も意識した授業展開は，「主体的な学び」の実現に向けて期待される。このことから，「『数学的な見方・考え方』は資質・能力の三つの柱である『知識及び技能』，『思考力，判断力，表現力等』，『学びに向かう力，人間性等』の全てに働くものである」（解説p.7）としていることも頷ける。

(3) 領域の違う単元を「数学的な見方・考え方」でつなぐ

「数学的な見方・考え方」をつなぐ3つ目のポイントは，領域の違う単元をつなぐ「数学的な見方・考え方」を捉えることである。「数学的に考える資質・能力」の育成に向けて，特に「深い学び」に向かうために「統合的・発展的に考えること」が重視されている。また，今回の改訂により新設された［C　変化と関係］領域は領域の違う単元の学習との関連が深い。そこで，これからは，領域の違う学習でも「数学的な見方・考え方」でつないでいくという発想をもちたい。

例えば，第4学年では，折れ線グラフを学習する。折れ線グラフの学習は，まず，［D　データの活用］領域として，変化の様子を示すグラフとして導入される。さらに，同じく第4学年で，「C　変化と関係」領域の「変わり方調べ」の学習の中で，伴って変わる2つの数量の関係の変化や対応の様子を表すものとして取り上げることになる。この場合，単元と単元をつなぐ「数学的な見方・考え方」は，「変化の様子に着目すること」である。また，第4学年の［A　数と計算］「小数を用いた倍」の学習と［C　変化と関係］「割合」の学習は，「数量の関係に着目すること」という「数学的な見方・考え方」でつなぐことになる。

このように，領域間のつながりを積極的に意識することは，「数学

的な見方・考え方」をより豊かにし，算数で学んだことを先の学習に「活用」しようとする態度の育成にもつながる。

(4) 単元と生活を「数学的な見方・考え方」でつなぐ

　最後に，「数学的な見方・考え方」をつなぐ4つ目のポイントは，単元だけでなく生活へつなぐことである。前掲の単元構想図の8時間目，「図形の性質を日常生活に生かすこと」の数学的活動の例として，敷き詰め模様をつくる活動が挙げられる。単元のまとめとして取り組ませ，図形の性質を活用しながらその有用性を実感させたい。このことは，中央教育審議会答申（平成28年12月）が示した「日常生活や社会の事象を数理的に捉え，数学的に表現・処理し，問題を解決し，解決過程を振り返り得られた結果の意味を考察する，という問題解決の過程」となる。

第5節
学習指導要領が期待する新しい算数の問題解決
──授業はいかに変わるのか──

1 算数の問題解決とは

> **Q** 算数の問題解決における学習のイメージはどのようなものですか。

　問題を解決するための数学的な思考力・判断力・表現力等を育むこと，日常生活との関連についての理解を深め，算数を主体的に問題解決に生かすこと，問題解決の過程を評価・改善したりすることなどは，数学的に考える資質・能力の育成につながる。

　今回改訂された学習指導要領では，このように資質・能力の育成を目指し，算数の学びにとって重要なキーワードを基に整理されたことにより，学年段階の高まりが明確になり，学びが連続的になった。そして，「数学的活動の充実」「数学的な見方・考え方を働かせること」により，算数の問題解決を通して，数学的に考える資質・能力が育成されるよう考えられたものである。

2 問題解決における「数学的活動の充実」とは

(1) 「答えを出す授業」から「問いをもつ授業」への転換

　与えられたものではない自らの問いは，自分事として問題を解決しようと挑戦していく「学びに向かう力」の原動力となる。

　平成10年告示学習指導要領（文部省，1998）において「算数的活動」

が誕生し，平成20年告示学習指導要領（文部科学省,2008）でもその充実を図り，算数的活動によって問題解決型の授業を目指してきた。

平成10年改訂では「活動の楽しさ」を大切にして，算数的活動をアクティビティにイメージする教師も多かった。

例えば，第5学年「円と正多角形」では，図1のように，直径を3人，円周を9人が手をつなぎ，直径と円周の関係を考えるといったような体験的な活動を取り入

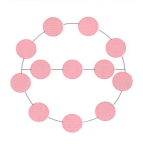

図1

れた授業を見たことがある。直径と円周の関係に気付くための体験を取り入れても，児童に目的意識が弱く関係性に気付けなかったり，教師が一方的に関係性や答えを教えてしまったりする授業であった。また，第2学年「かけ算」では，ブロック操作をする時間を十分に保障する授業を見たことがある。子供たちはブロックを動かしてはいたものの，ブロック操作を通して何を考えさせたかったのかが見えない授業も見たことがある。

この2つの例のように，身体を動かしながら思考することは，とても大切なことであるが，外的な活動はあるものの，それが内的な活動と結び付かず，子供の思考の文脈がつながらない中で活動が設定されている授業が少なからずあった。

子供が目的意識をもって，より主体的に取り組み，算数の学びを獲得するためには，今後，どんなことに取り組んでいく必要があるのだろうか。

子供が主体的に学んでいくためには，思考の文脈を大切にし，学びを出発させる「問い」の有無が大きな鍵を握るのではないかと考える。「答え」を出すことを考える以上に，必然的に問題解決に向かうための子供から生まれる「問い」が必要であると考える。

(2) 小・中・高共通の問題発見・解決過程
① 連続的な学び

平成20年告示学習指導要領における算数的活動では，内容ごとに具体的な活動が示されていたが，今回の改訂では，小・中・高共通の問題発見・解決の過程として示され，「数学的活動」という名称に変わった。

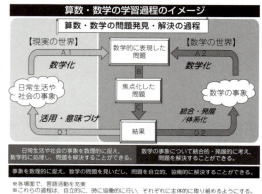

図2

目標の中で「数学的活動を通して，数学的に考える資質・能力を育成することを目指す」とされ，あらかじめ自己の考えをもち，それを意識した上で，主体的に取り組むようにし，深い学びを実現することが求められている。その実現に向かい，子供が算数の問題を見いだし，考え，解決していくといった一連の流れが示されている（図2参照。中央教育審議会初等中等教育分科会教育課程部会算数・数学WG，2016）。

表1

数学の世界	日常の世界
① 数学化の場面 ② 自立的，協働的な解決の場面 ③ 統合・発展の場面	① 数学化の場面 ② 自立的，協働的な解決の場面 ③ 活用・意味付けの場面

表1は，この2つのサイクルの場面の違いを分かりやすく簡単に表したものである。このように，構造的に示した中学校の数学的活動，モデル図で示した高等学校数学との12年間の算数・数学の学びの捉えを同じくすることにより，前後の学年，領域の縦のつながりを意識し，そのつながりが生かされる授業を目指したい。

この数学的活動は,「算数の1単位時間のある場面に設定する活動」
ではない。「算数の1単位時間の授業全てが数学的活動である」とい
う捉えが大切である。また,「算数の1単位時間の活動」だけでなく,
単元を通して連続的につながることも含むイメージなのである。
② **日常の世界における「数学化の場面」**
　数学の事象を「数学化」する場合,多くは,教科書等にある問題を
解決することであるが,日常の事象を「数学化」する場合には,事象
の理想化や単純化が必要である。
　例えば,日常の事象を数学の舞台に載せて考察するという問題解決
において,ミニバンと,セダン,トラックがあり,その中から燃費の
よい車を選ぶという問題を取り上げるとする。実際に車を走らせて考
えることは難しいため,理想化された数値を用いることが必要にな
る。そして,既習の概念や原理を適用し,異種の2つの量の割合とし
て捉えられる数量の関係に着目し,単位量当たりの大きさで捉えるこ
とに気付くことにより,解決することが可能になる。
③ **数学の世界における「自立的,協働的な解決の場面」「統合・発展の場面」**
　例えば,L字型の複合図形の面積を求めるという問題解決では,縦
または横に切断するようにして長方形と正方形とに分割して解決する
方法と,凹んだ部分を補って解決する方法など,多様な解決方法が可
能である。これまでの学習で使用してきた図や式などを活用して他者
と伝え合うなど対話的に学ぶことを大切にする。自分の考えをもち,
ペアやグループで学び合う場面では,持ち寄ったそれぞれの解決方法
を理解することにより,自分とは異なる解決方法があることを知ると
同時に,どれも既習の長方形や正方形の面積の公式を使っている気付
きを統合することが大切である。また,階段型の複合図形や十字型の
複合図形を発想して取り組んでいくことや複合図形の立体ならばどう
だろうと発展させていくことも大切である。このように,直接,単位

となる正方形を敷き詰めなくても,数学的に表現された図や式などを用いることによって,簡単に計算によって面積を求めることができるというよさを実感することにもつながる。

④ **日常の世界における「活用・意味付けの場面」**

例えば,単位量当たりの学習について例を挙げる。数学的に解決したことを振り返り,単位量当たりの考えを他にも活用できないかと問いを促しても子供の側で見つけられない場合もある。そのようなときには,教師から畑の収穫高や印刷機の性能といった事例を紹介して,単位量当たりの考えが他にも活用できることを子供が気付けるようにしたい。活用できる場面を知り,その場面を算数で解決できることを通して意味付けを図ることが大切である。

(3) 新しい問題解決における2つの数学的活動とは

① **これまでの問題解決の過程**

これまでの問題解決の過程は,主に表2のように示され,日常の生活や社会とつながりが見える算数も,数学を発展させるための算数も,区別されることなく,同じモデルの中で存在していた。

表2

G.Polya ポリヤ	F.K.Lester レスター ※ポリヤを修正	A.H.Schoenfeld シェンフェルド	片桐
〈問題解決の過程〉 1 問題を理解すること 2 計画を立てること 3 計画を実行すること 4 振り返ってみること	〈問題解決の過程〉 1 方向付け 2 組織化 3 実行 4 検証	〈問題解決の過程〉 1 分析 2 計画 3 探究 4 実行 5 検証	〈問題解決の過程〉 1 問題形成・把握の段階 2 解決の見通しを立てる段階 3 解決の実行の段階 4 解の論理的組織化の段階 5 検証の段階

② **新しい問題発見・解決の過程**
　　　──日常の世界と数学の世界の2つの数学的活動──

新学習指導要領では問題発見・解決の過程が,図3のように,日常の世界（Ⅰ）と数学の世界（Ⅱ）の2つあり,相互に関わり合って展

第5節 学習指導要領が期待する新しい算数の問題解決

開する一連の活動として示された。

これらのサイクルでは，各場面で言語活動を充実すること，自立的に，時に協働的に行い，それぞれに主体的に取り組めるようにすること，それぞれの過程を振り返り，評価・改善することが大切である。特に，統計教育においてはPPDACサイクルとして，常に問題意識をもって学び始めることが重要視されている。

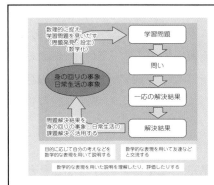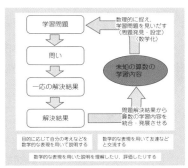

Ⅰ 日常生活や社会の事象を数理的に捉え，数学的に表現・処理し，問題を解決し，解決過程を振り返り得られた結果の意味を考察するという問題解決の過程

Ⅱ 数学の事象について統合的・発展的に捉えて新たな問題を設定し，数学的に処理し，問題を解決し，解決過程を振り返って概念を形成したり体系化したりするという問題解決の過程

図3

数学的な問題発見，問題解決の過程に位置付く「日常の事象から見いだした問題を解決する活動」「算数の学習場面から見いだした問題を解決する活動」及び「数学的に表現し伝え合う活動」をそれぞれ下学年及び上学年に位置付け，低学年で4つの視点，高学年で3つの視点から整理されており，それが学年を追うごとにレベルアップしている。新しい算数の問題解決には，これらの数学的活動が教材内容と関わり合って，授業で展開される。

特に，「他者とのコミュニケーション」が視点となる活動がより充実した授業が目指されている。書き出すことで，曖昧さを埋めたり，

一応の解決結果を基に，人と話してみて，他者との違いや自分の話がうまく進まないことに気付いたり，「どうしよう」「困った」という気持ちを取り上げたりして，一般化するなどのよりよいものに向かおうとすることが大切である。

③ 一応の解決と振り返り

解決過程を振り返り得られた結果の意味を考察したり，解決過程を振り返って概念を形成したり体系化したりするために，「振り返る」ことを，導入，展開，終末でタイムリーに行うことが大切である。「一応の解決結果」を確かめたり考え直したりして，試行錯誤することが深い学びにつながっていくが，その際に，そこまでの解決の仕方を振り返ったり，友達の考えを比較するために自分の考えを振り返ったりすることが必要となる。

3 問題解決において数学的な見方・考え方を働かせることとは

Q 問題解決において数学的な見方・考え方をどのように働かせるのでしょうか。

(1) 算数との出会いから学びの出発をどうするか

自分で何かを生み出す，創造的に考えていく土台となるものが「数学的な見方・考え方」である。その土台を培うに当たり，子供の経験や活動を基に，学習問題へとつなげるための「算数とどのように出会っているのか」「算数と新しくどのように出会わせるのか」という視点が大切である。子供たちは既に，たくさんの算数に出会っている。それを教師が見つけ，日常生活や他教科と合科的に取り組んでいくことが大切である。

(2) 問題解決における見方・考え方の成長

① 領域の編成

例えば，子供たちは様々な生活経験で身の回りにある立体図形を大きさ，色，材質などのいろいろな属性で捉えている。それらを今度は「図形」という視点から整理して抽象化を図る。問題解決において数学的活動によって見方・考え方がどのように変容していくのかということについては，「長方形」に視点を置いて考えると，第1学年は「ながしかく（折り紙を半分に折った形）」，第2学年は「直線」「直角」といった構成要素，第3学年は「辺」，第4学年は第2学年で着目した構成要素が「平行」「垂直」という位置関係に変わる。第5学年では，長方形の対角線からできる二等辺三角形を取り上げる。第6学年では，対称，点対称という視点から取り上げるといったように，図形の構成要素から位置関係，相互関係というように，学年が進むにつれて見方・考え方が成長していっていることを踏まえる必要がある。

② 思考の効率と教材研究

問題解決を1単位時間だけで捉えるのではなく，単元全体，他学年，他領域，他教科との関わりの中で考える必要がある。

指導する1単位時間はどのような位置にあるのかを視点にした教材研究，授業研究が不可欠になる。したがって，「導入に○分，めあては○○で，まとめは……」という型にはめて順次進めていくことに視点を置いた授業では，1単位時間の学びが連続しにくいこともあるため，気を付けたい。

第1学年「長さ」の学習を取り上げる。「どうしたら長さを比べることができるのだろうか」という問いを取り上げ，「並べて比べる（直接比較）」「別のものに置き換えて比べる（間接比較）」「任意

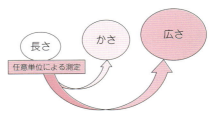

図4

単位を用いて比べる（任意単位による測定）」などの生活経験で得た子供のアイデアを，算数による解決の舞台に載せることが大切である。また，このアイデアは「長さ」のみに用いられるのではない。

　図4のように「任意単位を用いて比べる」というアイデア（方法）は，この後に学習する「かさ」や「広さ」といった他単元での量の大きさを比べる際にも，「何か基本となる大きさを用いて，幾つ分あるのかを比べる方法」として転換させていけるようにすることが大切である。

　このことは，身の回りの長さやかさや広さについて，「いろいろな大きさを選んでもっと調べてみたい」「いろいろな比べ方がないか試してみたい」と，量の大きさについての感覚が磨かれていくこととなる。そして，このことは学年や領域を超え，割合や単位量当たり等の学習でも活かされることになる。

　一度，見いだして獲得したことを，別の場面で統合させて問題を解決していく。そして，過去に学習したことの理解をより深めていく。このような考え方が統合されていくことを意識した教材研究が必要となってくる。

③　振り返ることによる汎用的に用いる見方の強化

　第3学年「わり算」の学習がある。新しい計算である「60÷3」について，「（6÷3）のように九九が使えないから，どのようにしたら計算できるのか」といった問いをもつことから学びが出発する。以前見た授業では，既に学んでいるわり算（6÷3）を基にした，「（6÷3）と似たような方法」「似たような答え（結果）になるのではないだろうか」との見通しをもつことによって問題解決の方向が見えていた。また，話合いの中で，図と操作，式，説明がつながり，「10のまとまり」に着目することにより，「6÷3」のわり算と同じように九九が使えることの発見に至っていた。

　教師から見れば，簡単につながる知識に見えるかもしれない。しか

し，子供にとっては，そのつながり発見することは容易なことではない。「発見」とは漠然とした未来にあるものではなく，既習の内容の「捉え方を変える」という中で生まれる。こうした発見は，子供が，振り返りによってフィードバックし，新たな学びに向かう原動力になっていた。そして，この授業の振り返りは感想としてではなく，思考のレベルで行われていた。

また，従来の授業では，めあてに掲げたことだけをゴールとする授業がよく見られた。しかし，この授業では，被除数の範囲を振り返り，「似ている式の600÷3も同じく計算ができないのか」という新たな問いが生まれ，計算の可能性を広げようとしている姿が見えた（図5）。

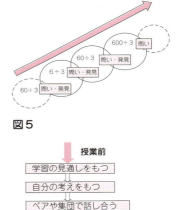

図5

図6

「10と同じく，100のまとまりにするとできる」と計算方法を統合して，考えを発展させていく姿である。つまり，「計算の答えを求めることができる」ということよりも，「数のまとまりで見るとよい」という，被除数が1000になっても，それ以上になっても汎用的に用いることができる見方を育てていく授業である。1単位時間の中での学びの過程を順番に辿るのではなく，思考の文脈をもって連続的になるように，図6の太い矢印の部分（授業の前後）も意識する必要がある。

4　子供も教師も授業も変わる
　——学びの出発，学びの再思考，学びの獲得と新たな学びの創出——

中央教育審議会答申（平成28年12月）では，算数・数学における指導内容の充実に関して，「算数・数学を学ぶことは，問題解決の喜び

を感得し，人生をより豊かに生きることに寄与するものと考える」と示されている。教師は児童の資質・能力の育成に当たっての責務を果たし，自らも教師としての成長を実感していくことと考えたい。

　これまでも学習指導要領が変わるたびに，問題解決型の授業の大切さが言われ，問題解決型の授業に変わることが期待されてきた。既に学習指導要領が目指す授業を実践できている教師も見られるが，「今度もこのままでよい」と思わずに，改訂に伴い，教師も常に問い直し，問い続け，変わろうとすることが必要である。

　学びの出発をどうするか。問いをどう引き出すのか。一応解決したかのように見えることをもう一度考え直す機会を与え，方法を選び直したり，再思考したりすることが一人一人に保障されているのか。学びを獲得して終わるだけでなく，そこから新たな学びが創出されているか。このようなことを，授業の中で今一度，改めて見つめ直したい。

　子供から生まれるアイデアを活かし，「もっと調べてみたい」「もっと考えてみたい（発展的な問題でたとえ解決に至らなくとも）」といった子供の考える心を育てるには，教師は授業の展開を形式的，確定的なものとせず，子供の数学的な見方・考え方が働くように，柔軟に対応することが必要である。

　新しい算数の問題解決の登場により，さらに授業への実践的研究が積み重ねられ，学びが連続的になり，日常と数学の世界の中で，自ら手を伸ばして学びを求めていく子供の姿が授業の中で見えてくる。

【引用・参考文献】
○中央教育審議会初等中等教育分科会教育課程部会「次期学習指導要領等に向けたこれまでの審議のまとめ」2016年8月
○齊藤一弥編著，清水美憲監修『「数学的に考える力」を育てる授業づくり』東洋館出版社，2016年
○日本数学教育学会編著『算数教育指導用語辞典第四版』教育出版，2009年

○文部科学省教育課程課・幼児教育課編『初等教育資料2017年5月号』東洋館出版社，2017年，pp.96-97
○佐藤学・重松敬一・赤井利行・新木伸次・椎名美穂子「発展的に考える授業展開の研究－発見的発展の視点」『東北数学教育学会年報』48号，2017年，pp.34-44
○秋田県総合教育センター（教科・研究班）「主体的・協働的な学びを通した課題解決的な授業モデルの提案」『秋田県総合教育センター研究概要』2017年，pp.36-37

第3章

学習指導要領が目指す
新しい算数の授業〈研究事例〉

第1節
資質・能力ベイスの教材研究と単元開発

1　資質・能力ベイスで考える「B　図形」領域の授業

Q 「B　図形」領域の指導は，どのようなところにポイントをおいて授業づくりをしていけばよいのでしょうか。

　今回の学習指導要領が目指す新しい算数の授業では，数学的に考える資質・能力を育成するといった資質・能力ベイスの授業づくりが求められている。

　小学校算数科においては領域構成の見直しが行われた。特に「B　図形」領域では，従来の「B　量と測定」領域の内容を，計量的考察を含む図形領域として上学年に再編成されている。これまで，平行四辺形の面積の求め方を考えるときには，等積変形をして長方形に形を変えて求積するといった授業が行われてきていた。その際，図形をどのように分割するのかといったことや，図形のどの部分を使って求積しているのかといったことが行われている。つまり，図形は測定の対象となるものであり，計量するといったときには，図形の性質や図形を構成する要素などに着目していると言える。このことを基に，「小学校学習指導要領解説算数編」（以下，「解説」という）では，図形領域の位置付けや趣旨について以下のように示している。

　図形を構成する要素に着目して，図形の性質を考察する領域と

> しての「図形」領域の位置付けを明確にした。新しい「図形」の領域を「図形を構成する要素に着目して、図形の性質を考察したり、それを活用したりする資質・能力を育む」領域として、領域の趣旨を分かりやすいものとした。

　これまでの学習指導要領は、内容ベイスで書かれており、図形の概念としての直線、直角、平行、垂直などは基本図形の学習の中で指導されてきていた。その中で、図形を構成する要素や位置関係、相互関係などに着目して図形の性質を考察するといったことについては、系統的な指導が明確になっておらず、図形の概念についての理解には課題があると言える。したがって、「B　図形」領域の指導では、図形を見る見方や考え方をそれぞれの学年でいかに育てていき、図形がどのようなことで特徴付けられているのか、どんなものによって決められているのかということに着目して考えていけるようにすることが重要である。そういった視点が教材の中に具体的に仕組まれているかというところが授業づくりのポイントとなる。

2　研究事例「三角形や四角形などの図形（第2学年）」

(1)　研究事例の内容について

　本研究事例では、第2学年の「三角形や四角形などの図形」において、構成要素に着目して図形を構成したり、構成の仕方や判断の根拠を考え表現したりできるようにすることに視点を置いた授業づくりについて明らかにしていくことにする。

> キーワード：構成要素に着目した図形の構成　直角の数

　ここでは、長方形を対角線で2分割してできる直角三角形を組み合わせて、「いろいろな（直角がある）四角形の鍵を作る」という問題

場面を設定し，図形を動的，構成的に考察させる。また，辺や頂点を意識しながら図形をつなぎ合わせていく活動を取り入れるとともに，構成した形を基に，形も大きさも同じ図形を新たに付け加えたり，「ずらす」「まわす」「裏返す」などの操作を順序よくしたりしていくことで，素早く図形を再構成できるということにも気付かせていく。

(2) 図形の構成について

子供たちは身の回りのものの形について，目で見た感じとして知っているのであり，どのような構造をもっているかについては知らない。子供が図形をどのようなものとして捉えているかは，その図形を構成することによって明らかになってくる。

図形の構成については，解説において次のように示されている。

> 図形の構成とは，身の回りの物や色板などを使って図形を作ったり，図形を分割したりすること，紙を折ったり切ったりして図形を作ること，コンパス，定規，分度器などを使って作図すること等を意味する。

第1学年では，身の回りの具体物を観察したり，いろいろな形を作ったり分解したりすることを通して，位置や大きさ，色，材質などに関係なくものの形を認めたり，形の特徴を捉えたりする。また，頂点や辺などの図形の構成要素に着目した図形の見方の素地となる活動を行うことになる。そこで行われている代表的な図形を構成する活動として挙げられるのが色板を使った操作活動である。色板を使って様々な形を構成するといった活動には，「ずらす」「まわす」「裏返す」といった合同変換の基本的な操作のようなものが含まれている。しかしながら，このような移

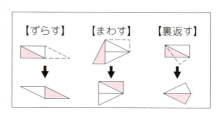

動の仕方があることに気付かせることが目的ではない。自分の考えている図形を構成する際にどのような操作をすればよいのかといった図形の想像力とも言えるものが重要である。そこで，第２学年では，図形の構成を通して，どのようにすれば自分の目的としている図形を構成することができるのか，そのためにはどのようになっていなければいけないのか，そしてどんなときに目的としている図形が構成できないのかということについて，構成要素に着目して考察していくことが重要である。

(3) 主な単元の流れについて

「三角形や四角形などの図形（第２学年）」

- 様々な長さの棒（１つの図形に対して４本まで）を使って図形を構成し，辺や頂点の数に着目して図形を分類する。

- 三角形，四角形の構成要素に着目して図形を弁別する。

- 直角の意味を知り，身の回りから直角を見つける。

- 紙の４か所を直角に折ってできた四角形の特徴を調べる。

- 長方形の紙を折って切ってできた四角形の特徴を調べる。

単元を通して育成すべき資質・能力の視点

○図形を構成する要素に着目して……

【着目する構成要素】
辺の数（長さ），頂点の数，直角

〈知識・技能〉
・三角形，四角形，正方形，長方形，直角三角形についての理解を深める。

〈思考力・判断力・表現力等〉
・図形の性質について考察できるようにする。
・図形の構成の仕方について考察できるようにする。

第3章　学習指導要領が目指す新しい算数の授業〈研究事例〉

```
┌─────────────────────────┐   ┌─────────────────────────────┐
│ 長方形や正方形を対角線で2 │   │ ・身の回りのものの形から四  │
│ 分割してできた三角形の特徴│   │  角形や三角形，正方形や長   │
│ を調べる。               │   │  方形を弁別できるようにす   │
└─────────────────────────┘   │  る。                       │
            ↓                 │ 〈学びに向かう力〉          │
┌─────────────────────────┐   │ ・基礎となる図形を構成する  │
│ 直角の数に着目して四角形を│   │  要素に着目し，それを基に   │
│ 構成し，分類する。(本事例)│   │  考えていく態度を養う。     │
└─────────────────────────┘   └─────────────────────────────┘
```

(4)　指導のポイント

① 　構成要素に着目した四角形の構成活動を通して，図形についての見方や論理的な考え方を育てる。

　本時では，合同な直角三角形を複数使って，いろいろな四角形を作っていく。ここでは，特に図形の構成要素である直角の数に着目して四角形を作る活動を通して，目的意識をもって図形を構成する力を育てていく。さらに，目的とする図形を作ることができたかどうか，またその図形が作ることができないということを具体的な図形の操作を基に帰納的に考えたり，自分の言葉で説明したりする活動は，図形についての論理的な思考を育てることができる。また，図形を「ずらす」「まわす」「裏返す」といった活動は，図形を動的に捉える力を育てることにつながる。なお，直角の数による四角形の仲間分けは，図形についての見方を広げるとともに，長方形や正方形といった既習の四角形についての理解を深めることができる。

② 　直角の数に着目し，四角形を構成したり，仲間分けをしたりする活動を通して，構成要素を基に図形を

直角の数				
0個	1個	2個	3個	4個

捉える力を育てる。

　本時では，単にいろいろな形の四角形をいくつも作らせるのではなく，作った図形の一部の位置を変えたり，付け加えたりすることで素早く再構成できることに気付かせていく。また，作った図形について，既習の図形の定義と結び付けながら目的とする四角形が作れていることを確認させていく。その際，既習の長方形や正方形といった直角が4つある四角形だけでなく，直角の数がいろいろある四角形があることにも気付かせていく。さらに，直角の数という観点から仲間分けしていくことで四角形についての理解を深めていく。ここでは，直角が3つの四角形ができないということについて，操作活動を基に自分の言葉で説明する活動を設定する。なお，四角形の仲間分けを行う際には，表を使って直角の数と図形の形を視覚的に捉えさせていく。

(5) 展　開

問題場面を提示する。

ある日，魔法学校から次のような手紙が届きました。

> 　魔法の扉の鍵をなくしてしまいました。魔法の扉の鍵の形は四角形で、角が扉のへこんでいる部分にぴったりと合うと扉が開きます。
> 　今もっている3枚の直角三角形を組み合わせて何とか四角形の鍵を作れないでしょうか。

〈使用する直角三角形〉
数値は辺の長さの比を表す。

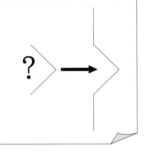

○児童には，魔法の扉と同じ形の型紙を渡しておき，その鍵穴に基本の図形となる直角三角形の直角を当てることで，鍵穴の形が直角であることを確認する。

直角三角形を組み合わせるときの約束について確認する。

<約束>
辺と辺、角と角がぴったりつながらなくてはいけません。

○直角三角形を組み合わせるときの約束を教師が実際に2枚の直角三角形で長方形の鍵を作って見せながら指示する。
○直角三角形の板が2枚でも四角形が作れることを確認する。
○直角三角形のつなぎ方を変えると、いろいろな四角形の鍵ができそうだという見通しを基に課題を設定する。

直角三角形を組み合わせて、いろいろな四角形の鍵を作ってみよう。

【直角三角形の板が2枚の場合】
C1：鍵を開けられる角が2つ
　　（直角が2つの四角形）

C2：鍵を開けられる角が4つ
　　（直角が4つの四角形）

C3：鍵を開けられる角がない
　　（直角がない四角形）

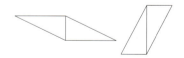

○直角三角形の板を2枚と3枚使った場合について、順番に作らせていく。
○板のつなぎ目はセロハンテープでとめさせていく。
○鍵穴にぴったりと合った角にはシールを貼らせ、視覚的に直角の数が捉えられるようにする。

○作った四角形のそれぞれの角を実際に直角の型紙に当てさせることで、形によって鍵を開けられる角（直角）の数が違うところに気付かせる。

【直角三角形の板が3枚の場合】
C4：鍵を開けられる角が1つ
　　（直角が1つの四角形）

C5：鍵を開けられる角が2つ
　　（直角が2つの四角形）

○直角がない四角形の鍵について
も，直角はないが，直角三角形
を組み合わせてできた四角形の
鍵の仲間であることを確認し，
認めていく。
○板の枚数が同じ条件でも「ずら
す」「まわす」「裏返す」ことに
より別の形ができることに気付
かせる。

作った形を発表し，見合う。

C：4つの直角をもつ長方形の
　　鍵ができました。
C：直角のない傾いた四角形の
　　鍵ができました。
C：直角の数が1つと2つの変
　　わった四角形の鍵ができま
　　した。

○児童の作った四角形について，
どれも四角形の鍵が作れている
ことを既習の構成要素を基に確
認する。
○発表された図形を見る中で，直
角の有無や数に着目して仲間分
けができそうだという見通しを
もたせていく。

作った四角形の鍵を直角の数で仲間分けし，気付いたことを話し合う。

C：直角が4つある鍵は長方形
　　です。

○形や大きさが違っても，直角の
有無やその数に着目すれば同じ
仲間と見なすことができること
を押さえる。

○直角が4つある形は長方形であ
ることを長方形の特徴を基に確
認する。

C：直角のない四角形もあります。

C：角をくっつけたところに新しく直角ができた鍵があります。

C：直角が3つの鍵がありません。

直角が3つある鍵を作れないかやってみる。

C：直角が2つの形から直角を1つ増やせないかな。

C：直角が4つの四角形から直角を1つ減らせないかな。

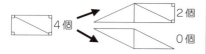

○直角が3つの四角形ができないかを問い，直角が3つの四角形を作ろうとすると，最後の1つの角が必ず直角になってしまうことや，直角が4つの四角形から直角の数を減らして3つにしようとしてもできないことを板の操作から帰納的に明らかにする。

本時の学習内容をまとめる。

C：4つの直角をもつ鍵ができました。形は長方形です。

C：直角が3つある四角形の鍵は作れません。

3　本事例を単元に位置付けたときに期待されること

(1)　図形を捉える見方・考え方を育てる

　直角の数に着目して四角形を構成するといった活動は，図形の特徴が構成要素によって決まってくるという，図形についての見方・考え方を育てることにつながる。その際，直角の数が3つの四角形を構成できないということを調べていく活動のように，目的とする図形を構

成できないという経験も重要である。なお，全ての角が直角である場合は，長方形や正方形といったように形が決まることや，その特徴から身の回りの物に多く使われていることにつなげることができる。

(2) 論理的に考える力を育てる

本事例のように，目的とする図形を作ることができたかどうか，またその図形が作ることができないということを具体的な図形の操作を基に帰納的に考えたり，自分の言葉で説明したりする活動は，図形についての論理的な思考を育てることができる。なお，本事例では扱わなかったが，使用する色板の数を変えていくことで，等脚台形，ひし形，正方形といった様々な四角形を構成することができる。例えば，4枚にすることで正方形を構成することもできる。その際，4つの角が直角であるというだけでなく，4つの辺の長さが等しいといったことから正方形と判断するなど，演繹的に考えていくことも期待できる。

【引用・参考文献】
○文部省『図形の指導　小学校算数指導資料』大日本図書株式会社，1982年
○文部科学省『小学校学習指導要領解説算数編』東洋館出版社，2008年
○文部科学省「小学校学習指導要領解説算数編」2017年6月，p.40，p.52
○新算数教育研究会編集『リーディングス新しい算数研究　図形』東洋館出版社，2013年
○新算数教育研究会編集『新しい算数研究2017年4月号』東洋館出版社，2017年
○和田義信著，和田義信著作・講演集刊行会編集『和田義信著作・講演集1　著作集』東洋館出版社，1997年

第2節
資質・能力ベイスの教材研究と問題解決

1　資質・能力を育成する授業

Q 算数科において資質・能力を育む授業はどうあるべきですか。

　育成すべき「資質・能力」とは何を意味するのであろうか。平成28年12月の中央教育審議会の答申から，育成すべき資質・能力の基本的な考え方を整理すると，「知識・技能」「思考力・判断力・表現力等」「学びに向かう力・人間性等」の三つの柱に整理できる。では，具体的にはこれらは，どういうことを示しているのであろうか。

　「知識・技能」とは，「何を知っているか，何ができるか」ということを意味するとともに，学ばれた「知識・技能」が，活用できるように学ばれていることを意味していると考えられる。繰り返しになるが，大切なのは，それが単に覚えただけの「知識・技能」ではなく，学ばれた「知識・技能」が活用可能なものになっているかにある。

　「思考力・判断力・表現力等」とは，「知っていること・できること」をどのように使うかに関わることを意味するものであり，「既習事項をどのように生かすか」といった際の「どのように」に含まれる「思考力・判断力」や「表現力」のことと考えられる。

　「学びに向かう力・人間性等」とは，算数の学習を進んで生活や学習に活用しようとしたり，式や数直線等，数学的に表現・処理したことを振り返って批判的に検討したり，よりよい解決を求め続けようと

表現されたことをより一般的に表現しようとする態度のことと考えられる。では，これらの資質・能力はどのような授業によって，育成することができるのであろうか。

(1) 数学的問題解決がなされる授業を大切に

資質・能力を育成するためには，数学的問題解決が授業でなされることが大切である。

しかし，単に問題を解決させるだけでは，価値ある問題解

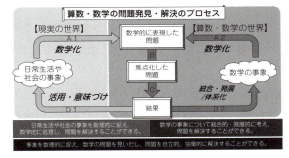

図1

決になるわけではない。学習指導要領で目指す問題解決は，図1のようなプロセスを経ることが望ましいと言われている。具体的には，以下のような過程を経ると考える。

(2) 解決すべき問題との出会い

まずは，必要感に迫られた問題との出会いが大切であろう。それは，日常生活場面の問題を何とかしようというものであるかもしれないし，算数・数学の世界での話かもしれない。

例えば分数の除法の学習で言うと，多少無理があるが，「$\frac{3}{4}$ dLのペンキで，板を$\frac{2}{5}$ ㎡塗れました。このペンキ1 dLでは，板を何㎡塗れますか」といった問題が日常生活場面からの問題となる。一方で，$\frac{3}{4} \times \frac{8}{15} = \frac{2}{5}$ の分数の乗法を学んだ際に，今まで加減乗除の順番で学習を進めてきていることから，残っている学習内容が「分数の除法」であることが分かる。そのことから，$\frac{3}{4} \times \boxed{\frac{8}{15}} = \frac{2}{5}$ の式を $\frac{2}{5} \div \frac{3}{4} = \boxed{\frac{8}{15}}$ と変形し，「計算の仕方を考えよう」と，問題を分数の除法の計算方法に焦点化するような場合が，数学の世界から解決すべき問題を見いだす一例である。

(3) 一応の解決の重複

問題と出会ったなら，一応の解決をすることを大切にしたい。既習事項を生かし，何とか問題を解決し，答えを求めるのである。洗練された美しい解決方法によるものでなくてもよい。何とか既習事項を組み合わせたり，試行錯誤をしたりして答えを見いだすのである。

一般的に算数・数学の世界に定式化された問題は，先述の「$\frac{3}{4}$dLのペンキで，板を$\frac{2}{5}$㎡塗れました。このペンキ1dLでは，板を何㎡塗れますか」のように，答えを問う求答型の問題が多い。「どのような考え方をしたのですか？」や「どのような式でしょう」のような問題はほとんどないであろう。したがって，まずは答えを求めるのである。

(4) 解決結果の振り返り

次に，一応の解決が終了し答えが出たなら，その答えの正当性の吟味をする。求めた答えが合っているかどうかを先生に聞いたり解答を見て確認したりするのではなく，自分の解決方法を振り返ることによって，確認するのである。解答を丁寧に振り返り，その論理の整合性を見直していくことで，正当性が吟味され，解決方法が洗練されていく。ここで解決方法が洗練されていくには，「もっと簡単にできないか」や「もっと分かりやすくできないか」を考えたり，「自分の解決方法が他の場合にもできるか」を考えたりするなど，「簡潔」「明確」「統合」といった価値観に根ざした振り返りが大切になってくるのである。

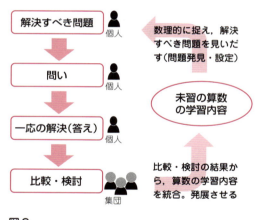

図2

算数の問題解決型の授業の場面において，これらの活動は，「自力解決」から「比較・検討」の場面の中で行われるのである。友達の考え方を聞く中で，自分の考え方と似ている点や異なる点を吟味し判断する中で，「なるほど，そうするのか」や「こうした方が分かりやすいと思う」などの判断が行われ，自らの解決方法が洗練されていくことになるのである。これらを図にすると図2のようになる。また，それらをまとめると，以下のような用件を満たす授業が育成すべき資質・能力を育む授業と言えると考える。

　○解決した結果，数学的に価値ある何かが見いだされるような問題やそれにつながる課題が提示されること。
　○子供たちのもっている既習事項を組み合わせることで，何とか解決にたどりつける難易度が課題にあること。
　○一応の解決がなされる過程や表現が多様であること。

　では，このような算数・数学の問題発見・解決のプロセスを経るような授業はどのように構築すればよいのであろうか。以下では，授業のつくり方について述べる。

2　資質・能力ベイスの教材研究と問題解決

> **Q** 資質・能力を育む授業をどのように構想すればよいですか。

(1) 「まとめ」から逆算して授業をつくる

　では，どのように，授業を構築していけばよいのであろうか。最初に考えるべきことは，「まとめ」もしくは「ゴール」のイメージである。授業の終末にどんなことを子供に言わせたいのか。子供の姿がどのように変わっていればよいのかを，考えるのである。次に考えることは，そのゴールイメージ，まとめにつなげていくためには，どのよ

うな子供の反応が必要かである。要石のような子供の反応が見えたら、その子供の反応につなげるためには、どのような反応が必要かを、ゴール方向から逆算のイメージで考えていくのである。そして最後にそのような反応が自力解決時にでるように授業で提示する問題や提示の仕方を考えるのである。

(2) 「まとめ」を変える

(1)では、まとめから逆算して授業を構成する仕方について述べた。ここでは、「まとめ」そのものを資質・能力ベイスにすることについて述べる。

例えば、先述の分数の除法の例で言えば、今までならば、計算の方法を学習する時間のまとめは、「$\frac{b}{a} \div \frac{d}{c} = \frac{b}{a} \times \frac{c}{d} = \frac{b \times c}{a \times d}$」でよいであろう。しかし、資質・能力ベイスに授業がなると、学習のまとめを「内容ベイス」から「資質・能力ベイス」に見直すことが求められるようになる。つまり、「何を知っているか（知識・技能）のまとめ」に「見方・

まとめ
$\frac{b}{a} \div \frac{d}{c} = \frac{b}{a} \times \frac{c}{d} = \frac{b \times c}{a \times d}$
分数でわる計算は、わる数の逆数をかける。

↓

まとめ
$\frac{b}{a} \div \frac{d}{c} = \frac{b}{a} \times \frac{c}{d} = \frac{b \times c}{a \times d}$
・分数でわる計算は、わる数の逆数をかける。
・分数でわる計算は、整数に直すと、計算の仕方を考えだすことができる。

考え方の成長を促すまとめ」が加わるようになるのである。つまり、分数の除法のまとめで言えば「$\frac{b}{a} \div \frac{d}{c} = \frac{b}{a} \times \frac{c}{d} = \frac{b \times c}{a \times d}$」に「小数の計算や分数のかけ算のように、整数に直して考えればよい」や「小数の計算や分数のかけ算のときのように数直線や図に表すと問題を解く見通しを立てやすくなった」など、既習事項の生かし方や数学的な表現に関係するような見方・考え方に関するまとめが加わるようになると考える。

(3) 多様な解決方法と、忘れてはならない表現方法

授業の終末における「まとめ」のイメージが決まったら、次に考えることは、そのまとめを、子供たちの反応の組み合わせによって、ど

のように導くかである。具体的には，まとめの1つ手前でどのような反応を取り上げたいかを考える。分数の除法で言えば，式変形の結果として「$=\frac{b}{a} \times \frac{c}{d}$」が出てくるような解決方法である。それは，「$\frac{2}{5} \div \frac{3}{4}$ $= (\frac{2}{5} \times 4) \div (\frac{3}{4} \times 4) = (\frac{2}{5} \times 4) \div 3 = \frac{2}{5} \times \frac{4}{3}$」や「$\frac{2}{5} \div \frac{3}{4} = (\frac{2}{5} \div 3) \times 4 = \frac{2}{5} \times \frac{4}{3}$」というような，

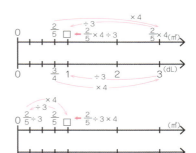

図3

式変形の一連の過程かもしれないし，図3のような数直線図かもしれない。まとめの1つ手前でどのような反応を子供たちから導き出したいのかが決まったら，そこに至るまでの過程を逆算しながら考えていくのである。そのためには，子供たちが考えるであろう反応を，既習事項を基にした教材研究のレベルで，数多く予想することが大切である。予想した多様な解決方法や表現方法をうまく組み合わせることで，ゴールに到達できるように考えるのである。そして最後に，教材研究から多様な解決方法を予測することができたなら，その解決方法が出るように，子供たちに提示する問題を考える。

(4) 導入課題について

前述の分数の除法で言えば，「$\frac{3}{4}$ dLのペンキで，板を$\frac{2}{5}$ ㎡塗れました。このペンキ1dLでは，板を何㎡塗れますか」と直接的に提示するのも1つの方法かもしれない。しかし，「資質・能力」を育成することを考えた場合，「既習事項を想起する」ことは意図的に行いたいし，数の範囲を拡張していくという見方・考え方も印象付けたい。したがって，導入課題は「□dLのペンキで，板を$\frac{2}{5}$ ㎡塗れました。このペンキ1dLでは，板を何㎡塗れますか」という，既習の分数÷整数を想起できるような工夫をしたいものである。

例えば，第3学年の「余りのあるわり算」だったら，「アメが17コ

あります。一人に3コずつ分けると，何人に分けられますか」というような出題よりも，「アメが□コあります。一人に■コずつ分けると，何人に分けられますか」というような出題の方がよりよいであろう。この問題を提示し，□にどんな数が入ったときは，問題を解決することができるのかを問い，その上でそれ以外の場合を考えるのである。除法の文脈ではあるが，整除できないという今までと異なる問題に出会うことで，子供たちの中には，「÷」の演算記号を用いてよいかどうかも含め，葛藤が生じるであろう。またそれまでの除法を乗法九九を用いて解決していたこととの関連もつきやすいため，既習事項の想起もしやすくなる。

導入課題は，なるべく多様な解決方法や表現方法が出るようにするとともに，既習事項との関連も考慮しつつ，子供たちにとって適度な難易度と解決したいという必要感が出るよう考えるようにするとよいと考える。

3　子供の学びを開発する教材研究

Q 教材研究を行う上で押さえておくべきポイントは何ですか。

(1) 抽斗の開け方

子供たちが導き出すであろう，予想される子供の反応について，どのように考えたらよいのであろう。筆者は学生時代に恩師から「頭の中を子供たちと同じ状況になるようにしなさい」と教えていただいたことがある。「子供たちと同じ状況」，つまり，問題を解決する際に子

供たちのもつ既習事項のみを用いて問題を解決するように，というのである。そして，さらに「分数の除法」なら，「分数」の性質と「除法」に関して学んだであろうことを考えるように教えていただいた。分数に関してなら，大きさが同じでも表現方法がいろいろあること（$\frac{1}{2} = \frac{2}{4} = \frac{3}{6}$……）や，通分や約分を学習していることがそれに当たるであろう。また「除法」に関して言えば，「除法の計算のきまり」や小数や整数の除法で学んだ知識・技能や表現，考え方がそれに当たるであろう。

(2) 思考力と表裏の関係にある表現方法の予測も

「(1)抽斗の開け方」ではどのように，子供の反応を予測するかについて述べた。ここでは，その反応を考え方と表現の２つの側面から示していく。先述した「分数の除法」を例に，ここでも考えていくことにする。

分数の除法の学習で，まとめの一部として「$\frac{2}{5} \div \frac{4}{3} = \frac{2}{5} \times \frac{3}{4}$」という式を導くのであるならば，まとめの前には，わる数の $\frac{3}{4}$ を整数にするというアイデアから導かれる「$\frac{2}{5} \div \frac{3}{4} = (\frac{2}{5} \times 4) \div (\frac{3}{4} \times 4) = (\frac{2}{5} \times 4) \div 3 = \frac{2}{5} \times \frac{4}{3}$」や「$\frac{2}{5} \div \frac{3}{4} = (\frac{2}{5} \div 3) \times 4 = \frac{2}{5} \times \frac{4}{3}$」という式表示を出しておきたいということについては，前にも触れたとおりである。で

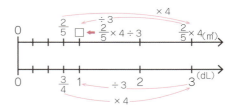

図4

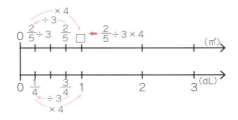

図5

は，この反応をどう導いたらよいのであろうか。一つの答えは図４の数直線であり，それと対をなす図５の数直線でもある。このどちらか

一方の数直線が子供から出れば，授業は終末のまとめに向かうであろう。しかし，分数の除法でも数直線による解決は，そんなに簡単なものではない。そこで教材研究として行っておきたいのが，数学的な表現の系統を視野に入れた教材研究である。図6に示すように，分数の除法で数直線が活用されるようになるまでには，小数の除法や整数の除法において，数範囲や文脈は異なるけれども，似た形，矢印の行き来が同様に見える数直線を学習してきていることが重要になると考える。

(3) 分数の除法に至る数直線の系統

以下では，第4学年の小数倍から第5学年の小数の乗除，そしてさらには第6学年の分数の乗除のプロセスの中で，数学的な表現を中心に据えつつ，段階的な高まりを，これまで以上に意識してつなげていく例を説明する。その際，教科書会社によって扱いは異なるが，整数の乗除法と小数の乗除法の間に2段階の問題を学習する流れで話を進める。

【2段階問題の例】
① 1個120円のプリンを5個買いました。代金はいくらでしょう。（1当たりが分かっている問題）
② 3個で360円のプリンを12個買いました。代金はいくらでしょう。（1当たりを求めてから倍に当たる量を求める問題）
③ 1セット8個入りで100円の駄菓子があります。この駄菓子20個ではいくらですか。（1当たりが分からず，適当な単位を求め，倍に当たる量を求める問題）

具体的には，第4学年の整数の除法の割進みの学習をする前に，整数の乗除法と小数の乗除法（×÷小数）の間に次のような，2段階の問題を学習しておくことが大切だと考える。

①の問題を数直線に表すと図6のようになる。わざわざ，数直線にするまでもなく，子供たちは答えを求めることができると思うが，それまでの学習で，図に表すことの価値や，数直線で表すことを，教師が範を示すかたちで見せておくことで，学級の中からいくつかある解決方法の1つとして出されるようになる。②の問題は，図7や図8からも分かるように，1個当たり，もしくは与えられている数値

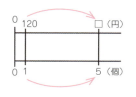

図6　①の数直線

そのものを単位として考え，問題となっている個数に当たる代金を求めるものである。こ

図7　②の数直線
　　　（1当たりを求めて）

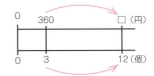

図8　③の数直線
　　　（そのまま求める）

れに対して③は，図9にも表されているように，自分で単位となり得る単位を考え出し，問題となっている個数に当たる代金を求めるものである。この場合は，2個当たり25円や4個当たり50円を単位として問題となっている個数に当たる代金を求める。

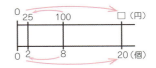

図9　③の数直線

(4) 小数の乗法・分数の乗法との関連

　一方で×小数や×分数の立式や計算方法を考える場面で用いられる数直線は，0.1当たりや0.01当たり，または単位分数当たりを求め，問題となっている数量を求める。図9と図10の数直線同士の形を比較すると，似ていることが分かる。つまり，整数の範囲で単位を求め，それを活用して倍を求める問題を解決することによって，0.1に当たる大きさを求め，それを活用して小数倍に当たる量を求めたり，単位分数に当たる大きさを求め，それを活用して分数倍を求めたりすることに

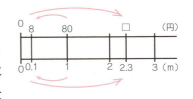

図10　80×2.3の数直線

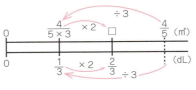

図11　$\frac{4}{5} \times \frac{2}{3}$ の数直線

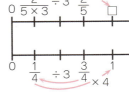

図12　$\frac{2}{5} \div \frac{3}{4}$ の数直線

気付きやすくなることが可能になると考える。このことは、分数の乗除法の問題を解決する際の図11や図12の数直線にも言えると考える。

　資質・能力ベイスの授業を構成するために大切にしたいことについて、教材研究と問題解決の観点から述べてきた。繰り返しになるが、そのような授業を組織していくためには、問題解決に子供たちをもれなく引き込むための必要感のある課題の開発と、問題解決時になされる数学的な思考を映し出す鏡となる表現の系統までをも視野に入れた教材研究の充実が、これまでに以上に大切だと考える。
　具体的には、子供たちの反応を予想するとともに、子供たちの立場になり、既習事項を用いてどのように解決するのか、そして、どのように洗練していくのかを考えることが大切なのである。

【引用・参考文献】
○「提案と討議 新学習指導要領の徹底研究！」新算数教育研究会編『新しい算数研究2017年5月号』東洋館出版社，2017年，pp.10-37

第3節 数学的な見方・考え方を重視した単元開発

1 数学的な見方・考え方

> **Q** 数学的な見方・考え方を重視した単元開発や授業づくりのポイントを教えてください。

(1) 教科目標に示された「数学的な見方・考え方」

今回の学習指導要領の改訂では，算数科の目標の冒頭に「数学的な見方・考え方を働かせ，数学的活動を通して，数学的に考える資質・能力を育成する」と示されており，これまでの学習指導要領の目標で「数学的な見方・考え方」が示されたのは初めてである。

また，算数科のみならず，各教科等の目標においても働かせる「見方・考え方」が示されており，各教科等の特質に応じた物事を捉える視点や考え方を働かせながら，資質・能力を育成することが重視されている。

(2) 算数科の学習における「数学的な見方・考え方」

「数学的な見方・考え方」のうち，「数学的な見方」については，事象を数量や図形及びそれらの関係についての概念等に着目してその特徴や本質を捉えることであり，また，「数学的な考え方」については，目的に応じて図，数，式，表，グラフ等を活用し，根拠を基に筋道を立てて考え，問題解決の過程を振り返るなどして既習の知識及び技能等を関連付けながら統合的・発展的に考えることであると示されている。

これらから，算数科における「数学的な見方・考え方」は次のように整理されている。

> 事象を数量や図形及びそれらの関係などに着目して捉え，根拠を基に筋道を立てて考え，統合的・発展的に考えること

(3) 「数学的な見方・考え方」の成長と系統的な指導

平成29（2017）年6月に示された小学校学習指導要領解説算数編には，各領域で働かせる数学的な見方・考え方に着目して内容が整理されており，各学年の重点を明確にするとともに，学年段階や内容に応じて質を高めるための系統的な指導の充実が期待されている。

また，数学的な見方・考え方の系統的な指導は，小学校段階だけにとどまらず，中学校，高等学校における内容も統一的な表現で整理されており，各学校段階における指導の重点を明確にし，円滑な接続も期待されている。

2 数学的な見方・考え方を重視した授業づくり

「平成25年度全国学力・学習状況調査の結果を踏まえた授業アイディア例（算数B3「四角形の4等分」）」を参考に，単元全体や1単位時間の学習で働かせたい数学的な見方・考え方を具体的に想定し，授業づくりを行う。

(1) 単元の構想

> 「長方形を等しい面積に分ける方法を，いろいろな四角形に当てはめて考えよう」〜統合的・発展的な考え方を育てる〜

① 単元のねらい

　長方形を等しい面積に分ける方法が，平行四辺形やひし形，台形でも成り立つかどうかを確かめる中で，図形の約束や性質に着目し，それらを活用して問題を解決するとともに，統合的・発展的に考えることができる。

② 働かせる数学的な見方・考え方

○図形（長方形，平行四辺形，ひし形，台形）の約束や性質，三角形の求積の方法に着目して，面積が4等分されるかどうかについて考察したり根拠を基に筋道立てて説明したりする。

○長方形を等しい面積に分ける方法が，他の四角形（平行四辺形やひし形，台形）でも成り立つかどうかを調べたことを振り返って，既習の図形の約束や性質を関連付けながら統合的・発展的に考える。

(2) 単元の流れ

	ねらい	学習内容
①	長方形の面積を4等分する分け方を考える。	○縦に線をひき，面積の等しい2つの長方形に分けたとき，さらに2等分する分け方を考える。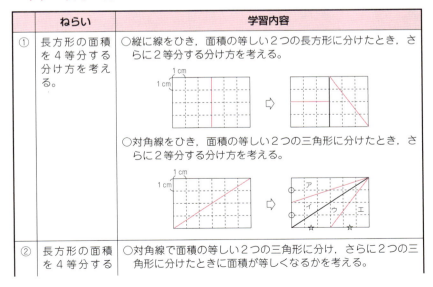○対角線をひき，面積の等しい2つの三角形に分けたとき，さらに2等分する分け方を考える。
②	長方形の面積を4等分する	○対角線で面積の等しい2つの三角形に分け，さらに2つの三角形に分けたときに面積が等しくなるかを考える。

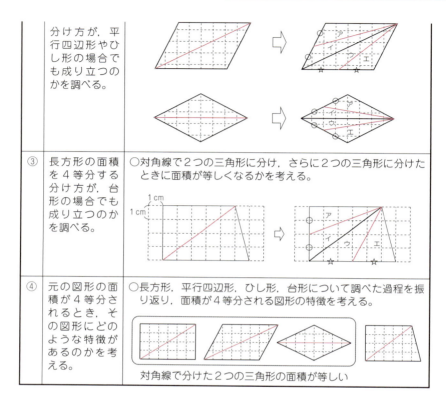

	分け方が，平行四辺形やひし形の場合でも成り立つのかを調べる。	
③	長方形の面積を4等分する分け方が，台形の場合でも成り立つのかを調べる。	○対角線で2つの三角形に分け，さらに2つの三角形に分けたときに面積が等しくなるかを考える。
④	元の図形の面積が4等分されるとき，その図形にどのような特徴があるのかを考える。	○長方形，平行四辺形，ひし形，台形について調べた過程を振り返り，面積が4等分される図形の特徴を考える。 対角線で分けた2つの三角形の面積が等しい

(3) 授業の実際

① 長方形の面積を4等分する分け方を考える。

T ：縦に線をひき，面積の等しい2つの長方形に分けました。さらに2等分する分け方を考えましょう。

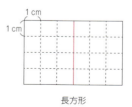

長方形

C1：縦が2 cm，横が3 cmの合同な長方形4つに分けました。

C2：底辺が3cm，高さが4cmの合同な直角三角形に分けました。

C3：縦が2cm，横が3cmの合同な長方形2つと，底辺が3cm，高さが4cmの合同な直角三角形2つに分けました。

T ：長方形の面積を4等分するほかの分け方はないでしょうか。

C2：長方形に対角線をひき，2つの直角三角形に分けます。その直角三角形をさらに2等分すると，長方形の面積を4等分することができます。

T ：①で面積が等しい2つの直角三角形に分けることができますね。②の分け方で4つの三角形の面積は等しくなりますか。

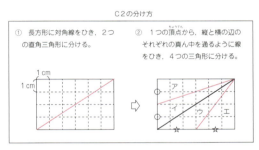

C4：三角形ウとエは，☆の部分を底辺とすると，どちらも底辺が3cm，高さが4cmだから，面積が等しいです。

C5：三角形アとイは，○の部分を底辺とすると，どちらも底辺が2cm，高さが6cmだから，面積は等しいです。

T ：②の分け方をすると三角形アとイ，三角形ウとエのそれぞれの面積が等しくなるので，長方形の面積を4等分していますね。

C3：長方形の面積を4等分する分け方は，ほかの四角形でも当てはまるのかな。

T ：平行四辺形やひし形の場合でも，Ｃ２さんの分け方で図形の面積が４等分されるか調べましょう。

　このように，児童は「長方形の面積を４等分するためにどのように分けたらよいのかな」という問いをもち，長方形の特徴や性質に着目して面積を４等分するいろいろな分け方を考えることができた。その中で，長方形を対角線で４等分する方法について，面積が等しくなることを三角形の求積方法等に着目して考察し，「長方形の面積を４等分する分け方が，平行四辺形やひし形，台形でも同じように当てはまるのかな」という新たな問いをもった。

② **長方形の面積を４等分する分け方が，平行四辺形やひし形の場合でも成り立つのかを調べる。**

T ：平行四辺形やひし形を対角線で分けると，面積が等しい２つの三角形ができます。Ｃ２さんの分け方で４つの三角形の面積は等しくなりますか。

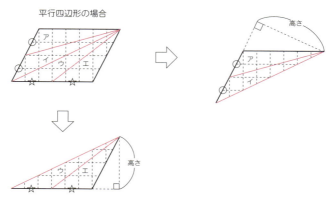

Ｃ２：三角形アとイの底辺をのばすと，三角形の底辺だけでなく，高

さも等しくなることが分かります。だから，三角形アとイの面積は等しくなります。

C1：三角形ウとエは，底辺と高さが等しいので面積が等しいです。

T ：三角形ウとエの底辺と高さは，方眼を使えば長さを求めることができますが，三角形アとイについは，方眼では長さを求めることができません。

平行四辺形のどのような約束や性質に着目して，高さを求めたのですか。

C3：「平行四辺形は向かい合う辺が平行である」ことに着目しました。

「平行四辺形は向かい合う辺が平行である」ので，底辺をのばせば，三角形アとイの高さが等しいことが分かります。だから，三角形アとイの面積は等しくなります。

C5：ひし形の場合は，4つの辺の長さは等しいので，4つの三角形の底辺は等しくなります。

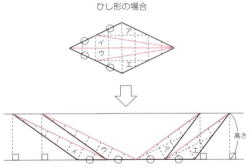

ひし形の場合

C3：高さは，三角形を切って並べると等しいことが分かります。

T ：ひし形のどんな約束や性質に着目して，全ての三角形の底辺が等しいことを説明したのですか。

C1：ひし形は「4つの辺の長さが等しい」ことに着目しました。そして，ひし形は「向かい合う辺が平行である」ので，全ての三

角形の高さが等しくなることも説明できます。

C4：長方形を等しい面積に分ける方法を，平行四辺形やひし形に当てはめて調べるときに，習った平行四辺形やひし形の約束や性質，三角形の面積の求め方に着目して，考えるとよいことが分かりました。

C2：長方形の面積を4等分する分け方は，平行四辺形やひし形には当てはまったけど，台形でも当てはまるのかな。

　このように，児童は長方形の面積を4等分する分け方について，長方形から，平行四辺形やひし形に考察範囲を発展させ，平行四辺形やひし形の特徴や性質，三角形の求積方法に着目して考察できた。そして，平行四辺形やひし形も，長方形と同じように対角線で面積を4等分してよいことを統合的に考えることができた。

③　**長方形の面積を4等分する分け方が，台形の場合でも成り立つのかを調べる。**

T　：台形の場合も，同じ分け方で面積が4等分されるのか調べましょう。

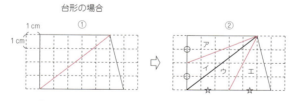

C4：台形は，①で分けた2つの三角形の面積が等しくありません。だから，三角形ア，イ，ウ，エの面積は台形の面積を4等分した大きさになっていません。

C5：台形の場合は，①でできた2つの三角形の高さは同じだけど，それぞれの三角形の底辺の長さが違います。

C1：だから，①でできた2つの三角形の面積が等しくないので，三角形ア，イ，ウ，エの面積は台形の面積を4等分した大きさになっていないと言えるのですね。

C2：長方形を等しい面積に分ける方法が台形の場合は，当てはまらないことが分かりました。

C3：なぜ，長方形を等しい面積に分ける方法が平行四辺形とひし形の場合に当てはまって，台形の場合に当てはまらなかったのかな。

T：いろいろな四角形の面積が4等分されるかどうかを調べた過程を振り返ってみましょう。

このように，児童は長方形の面積を4等分する分け方について，長方形から，台形に考察範囲を発展させ，台形の特徴や性質，三角形の求積方法に着目して考察することができた。そして，台形は，長方形を対角線で面積を4等分する考えが成り立たないことを確かめることができた。

④ **元の図形の面積が4等分されるとき，その図形にどのような特徴があるのかを考える。**

T：四角形の面積が4等分されるとき，元の四角形にはどんな特徴がありますか。

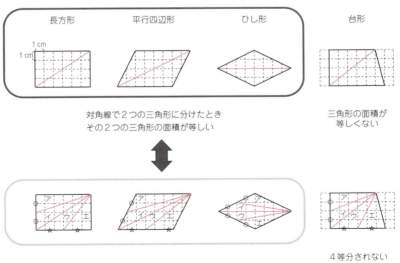

C1：面積が4等分される四角形は，長方形と平行四辺形とひし形です。

C5：長方形と平行四辺形とひし形は，対角線で2つの三角形に分けたときに，その2つの三角形の面積が等しくなっています。

C3：台形は，対角線で2つの三角形に分けたとき，その2つの三角形の面積が等しくなっていません。

C2：長方形を等しい面積に分ける方法が成り立つ四角形の特徴は，対角線で分けた2つの三角形の面積が等しくなっていると言えます。

このように，児童は長方形の面積を4等分する分け方について，長方形から，平行四辺形やひし形，台形に考察範囲を発展させて調べたことを振り返って，元の図形の面積が4等分されるとき，「対角線で分けた2つの三角形の面積が等しくなっている」という特徴があることを統合的に考えることができた。

(4) 数学的な見方・考え方を成長させるために

> ある場面で成り立ったことがほかの場面でも成り立つかどうかを調べるように，指導計画を工夫したり活動の充実を図ったりする。

1つの場面で発見した事実が，ほかの場面でも当てはまるかどうかを吟味したり，表現したりするように活動を充実することにより，統合的・発展的に考える力を育成していくことが大切である。

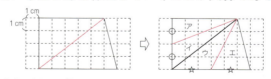

例えば，長方形を4等分するC2さんの分け方を基に，平行四辺形やひし形，台形の場合でも4等分されているかどうかを調べ，当てはまる理由や当てはまらない理由を根拠を基に筋道立てて説明すること

により，数学的な見方・考え方を働かせることができると考えられる。

【参考文献】
○文部科学省「小学校学習指導要領解説算数編」2017年6月
○中央教育審議会「幼稚園，小学校，中学校，高等学校及び特別支援学校の学習指導要領等の改善及び必要な方策等について（答申）（中教審第197号）」2016年12月
○国立教育政策研究所教育課程研究センター「平成25年度全国学力・学習状況調査の結果を踏まえた授業アイディア例」2013年

第4節
数学的な見方・考え方を活かした数学的活動

Q 数学的な活動の意義や数学的な見方・考え方を生かす授業の在り方について教えてください。

1 数学で何を学ぶのか

(1) 子供のもっている見方・考え方を引き出し成長させる

　算数科の学習における「数学的な見方・考え方」については，新学習指導要領解説算数編において「事象を数量や図形及びそれらの関係になどに着目して捉え，根拠を基に筋道を立てて考え，統合的・発展的に考えること」であると示されている。

　この「数学的な見方・考え方」を働かせながら，知識及び技能を習得したり，習得した知識及び技能を活用して探究したりすることにより，生きて働く知識となり，技能の習熟・熟達につながるとともに，より広い領域や複雑な事象について思考・判断・表現できる力が育成され，このような学習を通じて，「数学的な見方・考え方」がさらに豊かで確かなものになっていく。

　「数学的な見方・考え方」とは，数学的に考える資質・能力の三つの柱である「知識及び技能」「思考力，判断力，表現力等」「学びに向かう力，人間性等」を支えるものであるが，私たち教師には身に付ける力，すなわち学習のゴールをしっかりと見極め，子供が本来潜在的にもっている見方・考え方を引き出し成長させていくことが求められ

ている。

(2) 数学的な活動を通して問題解決の質的向上を目指す

　数学的活動とは，事象を数理的に捉え，数学の問題を見いだし，問題を自立的，協働的に解決し，解決過程を振り返って概念を形成したり体系化したりする過程を遂行することである。新学習指導要領解説算数編には，算数・数学の学習過程のイメージとして，日常生活や社会の事象の問題解決を図るサイクルと，数学の事象について問題解決を図るサイクルが示されている。これらの2つの過程を相互に関連させながら学習を進めていくことが大切であるが，本節では，主に日常生活のサイクルを回した実践事例を通して，これからの授業に求められる数学的な見方・考え方を活かした数学的活動について考えてみたい。

2　算数を学んだことで，生活がよりよくなる

(1) 日常生活の掘り起こし・概数のよさと働き
　　（事例：4年　およその数　第1時）
① 日常生活を振り返る中で，子供たちの知識・経験を揺さぶる

　算数で学ぶ内容について，子供たちが非形式ながら既に日常生活の中で触れていたり実践したりしていることは多い。そうした場合，全く新しい問題を教師から提示するのではなく，知識・経験を揺さぶる過程を通して，子供たちの中に眠っている数学的な見方・考え方を引き出し，算数の問いに仕立てていきたい。

第3章　学習指導要領が目指す新しい算数の授業〈研究事例〉

　概数のよさ，働きとは何か。なぜ，概数を使っているのか。日常生活で無自覚的に行っていることを自覚化させることをポイントとして，授業を展開した。まずは，生活経験の掘り起こしから始めた。

T：みなさんは，どんなときにおよその数を使っていますか？
C：「今何時？」って言われたら，「9時」とかって返事をするけど，ぴったり9時じゃなくても，9時って言っている。
C：9時2～3分でも，普通に9時って言ってる。
C：9時5分くらいでも，言うんじゃない？
T：どこまでOKなの？
C：9時10分くらいかな。
C：10分はないでしょう。
C：10分までいったら，9時10分って言うと思う。
T：みんな，どう思いますか。
C：確かに……，9時9分までならOKかな。
T：9分ってほぼ10分のような気もするけど，そこは違うのね。
C：違う。
T：違うんだ。
C：私は違うかどうかは分からないけど……，人によっても考え方が違うと思う。
C：そうそう。
T：そうなの？　人によって違うんだ。みんな違うの？
C：同じ場合もあるし，違う場合もある。

T:9時よりちょっと前の場合は,9時とは言わない?
C:もう少しで9時なら,言っていい。

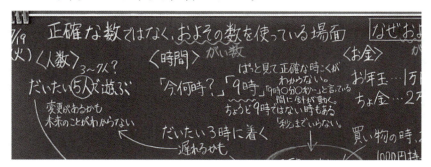

およその数を出し合っている中で,「9時」と言ったときにどの辺りまでを指すのか,話し合った。子供たちは,人によって感覚や捉え方が違うということに気付いていた。この辺りの議論は数をどのように丸めていくかという話であり,後により掘り下げていく中で,四捨五入の考えにつなげていこうと思って授業を続けた。

② 感覚的・無自覚的だったものを表出させ,整理する

日常生活の中で子供たちがこれまで感覚的・無自覚的に行ってきたような内容については,それぞれにもっている感覚や捉え方は異なる。しかし,そうした感覚や捉え方を表出させ,議論していくことを通して,クラス全体としてある程度の納得解を見つけていくプロセスを大切にしたい。

子供たちから出てきた日常場面は,以下のものであった。

場面の分類	概数使用の具体例
人数	だいたい5人で遊ぶ
時間	今9時　だいたい3時に着く　3時のおやつ
お金	お年玉1万円くらい　貯金2万円くらい 1000円持って買い物に行くとき,429円の商品を約400円と考えて買う

歴史・時代	およそ3000年前　およそ２億年前 およそ10年前
距離・長さ・高さ	カーナビが目的地まで90ｍ 山の標高3000ｍ
カード・漫画	カードを600枚持っている 漫画が20冊以上ある
重さ	体重35kg

　「およそ10年前」という意見が出たときに，「どのくらいまでをおよそ10年と捉えるか」という話合いになった。

　Ｃ：およそ10年前なら，9年前とか11年前でもいいと思う。
　Ｃ：もっといいんじゃない？　7年前くらいでもいいと思う。
　Ｃ：6年前だとちょっと違うかな。
　Ｔ：いろいろな意見が出てきているけど……。
　Ｃ：さっきと同じで，人によって違うんじゃないの。
　Ｔ：ちょっと聞いてみますか。1年だけの幅ならＯＫという人。つまり，9年前〜11年前くらいだと思う人？
　Ｃ：（5人挙手）　※学級の人数は34人
　Ｔ：8年前〜12年前くらいだと思う人？
　Ｃ：（20人程度挙手）
　Ｔ：多いね。7年前〜13年前くらいだと思う人？
　Ｃ：（7〜8人挙手）
　Ｔ：6年前〜14年前くらいだと思う人？
　Ｃ：（2人挙手）
　Ｔ：5年前〜15年前くらいだと思う人？
　Ｃ：（0人）
　Ｔ：それ以上の人？
　Ｃ：（0人）
　Ｔ：なるほど。このクラスでは，8〜12年前くらいという考えの人が多かったですね。

第4節　数学的な見方・考え方を活かした数学的活動

C：でも，そのときの気持ちにもよる。
T：気持ちによる？
C：いつも今と同じ考えになるかどうかは分からない。
T：え？　みんなそうなの？
C：そうかも。
C：考えが変わるかも。
C：でも，だいたいやっぱり8年前〜12年前くらいだと思うけど，1年くらいならずれてもいいかもしれない。
T：みんなの考えを図にしてみましょうか。
C：そうそう，そんな感じ。

③　使ってきた理由を問うことで，本質や価値に迫る

　ここまでの学習で，子供たちは生活を振り返り，これまで非形式ながら概数を使ってきた場面とその方法について，感覚を共有してきた。さらに使用理由を問うことによって，本質や価値に迫っていくようにし，数学的な見方・考え方の成長を促したい。

　ひと通り日常場面についての考えが出た後で，「なぜおよその数を使っているのだろう？」と投げかけた。すると，子供たちはそれぞれの場面について理由を考え，発表していった。

場面の分類	概数使用の具体例	概数にする理由
人数	だいたい5人で遊ぶ	変更があるかもしれない。 未来のことは分からない。
時間	今9時	ぱっと見て，正確な時刻が分からない。
	だいたい3時に着く	遅れるかもしれない。
	3時のおやつ	多少ずれてもいい。
お金	お年玉1万円くらい	正確なことが分からない。
	貯金2万円くらい	

	1000円持って買い物に行くとき，429円の商品を約400円と考えて買う	持っているお金を超えないか考えながら買う。暗算なので簡単に計算したい。
歴史・時代	およそ3000年前 およそ２億年前	正確なことが分からない。多少ずれてもほぼ変わらない。
	およそ10年前	だいたい10年くらい前ということが言いたい。正確なことを調べるのが面倒なときは，だいたいでいい。
距離・長さ・高さ	カーナビが目的地まで90ｍ 山の標高3000ｍ	ｃｍやｍｍまで必要ない。
カード・漫画	カードが600枚 漫画が20冊以上	正確なことが分からない。調べるのが面倒。
重さ	体重35kg	ｇまで言わなくてもだいたいが伝わるのでいい。

T：こうして見てくると，みんなはどんな理由からおよその数を使っていると言えるんだろうね。

C：正確な情報が必要ないとき。

C：だいたいを知ることができればいいとき。

C：あと，正確なことが分からないとき。

T：大きくは，その辺りでまとめることができそうですね。ではここで，ちょっと逆に考えてみましょう。およその数を使うのがふさわしくない場面というのは，思いつきますか？

C：マラソン選手のタイム。何時間何分何秒まで正確に出さないといけない。

T：どうして？

C：だって，それで勝負してるんだから。新記録更新とかなるんだから。

C：野球の球速。

T：みんな，球速って分かる？

C：ピッチャーが投げる球の速さのこと。

T：球速は，およそではいけないんですか。

C：百何十何キロ，みたいに言ってる。それで，球が速いピッチャーかどうかって考えられてるから，正確じゃないとだめ。

T：なるほど。そうするとマラソンとか野球とか，そういう世界では，およそは使わないんだね。

C：勝負だから，正確な数字じゃないと勝負にならないから。

C：リレーの選手を決めるときもそうじゃん。

およその数をどんなときに使うのか，また，どんな理由から使うのかをまとめていった。そのときに，反対におよその数がなじまない場面を挙げさせてみた。そのように対比することによって，よりおよその数を使う場面についての理解が深まるのではないかと考えたからである。

授業の最後に，これまで「およその数」と言ってきた言葉を「がい数」という算数の言葉に置き換えていくことを確認し，第1時を終えた。

(2) 生活知から学習知へ・切り上げ，切り捨て，四捨五入の仕方（事例：4年 およその数 第2時・第3時）

① 生活知を学習知へと高める

第2時では，切り上げ，切り捨て，四捨五入について学習する。しかし，これらを単に新たな知識・技能として伝達してしまうのではなく，第1時で扱ったようにこれまで自分たちが非形式に行ってきたことと結び付けていくことで，生きて働く知識・技能とすることを目指したい。

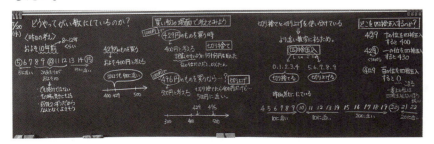

導入では，前時の振り返りをしていく中で，「およそ10年前」という捉えが人によって違ったことや，それでもだいたい10の前後いくつかの範囲までというところで落ち着いていたことなどを確認した。また，買い物場面で，「429円を400円と考える」という意見が出たことにも触れ，「なぜ400円なのか」を問うことによって，「500円よりも400円の方が近いから」という発言を引き出すことができた。そこで，「400円に近い，500円に近い」ということをどのように判断し，その後処理しているのかについて，買い物場面を基に考えていくことにした。

T：もし，496円のものを買うなら，みんなはどう考えるの？
C：500円として考える。
T：どうして？　今度は400円じゃないの？
C：だって500円の方が近いから。
C：4円しか違わないし。
C：400円だと，遠くなっちゃう。
T：遠いとか近いとか，何を言っているのかな？
C：だから，400と500のどちらに近いのか，ということ。
T：数の線をかいてみるので，これで説明できる？

C：429はこのへんで，496はこのへんだから，429は400に近くて，496は500に近い。
T：実はこの，429の29をとってしまって，400として考えるやり方に，「切り捨て」という名前がついています。
C：捨てちゃうの。
C：えー，捨てちゃうのか。
C：だって，なくして考えてるじゃん。

T：そして，496の96を繰り上げてしまって，500として考えるやり方に，「切り上げ」という名前がついています。
C：繰り上げるからか。
C：だったら，「繰り上げ」でもいいじゃん。
T：そうだね。意味としては，「繰り上げ」でもいいのかもしれないけど，「切り捨て」「切り上げ」って，「切り」を揃えたのかもね。

　ここで，子供たちがなんとなく概数にしていたやり方に，「切り捨て」「切り上げ」という名前がついていることを押さえた。

② **感覚的なものを，数理に載せるプロセスを大切にする**

　四捨五入を指導する際には，「4以下は切り捨て，5以上は切り上げ」と知識の伝達をしてしまうのではなく，ここでも，子供たちがなんとなく感じているものを表出させたい。子供たちは切り捨てと切り上げを無意識に使い分けている。それを数学として整えていくプロセスを大切にしたい。

T：みんなは，概数にするときに，切り上げたり，切り捨てたりしているんだよね。どうして，切り上げだけじゃだめなの？　切り捨てだけじゃだめなの？
C：だって，もとの数から遠くなっちゃうから。
C：もとの数に近い数にするためだよ。
C：切り上げたほうがいい場合と，切り捨てたほうがいい場合がある。
T：そのときによって変わるということ？
T：それってどういう場合なの？
C：半分より大きければ……。だから，50より大きければ，切り上げて，それより小さければ，切り捨てる。
T：みんな言ってること分かる？　ちょっと近くの人と相談してみて。

（1分程度相談）
C：429だったら，400か500にする場合に，半分の450より小さいから，400に近い。それで，切り捨てる。496は，半分の450より大きいから，500に近いから，切り上げる。

T：なるほどね。みんなが言ってくれた考えとほとんど似ているんだけど，「四捨五入」という考え方があります。

　4までの数字は捨てる，つまり切り捨てます。5より大きい数字は，入れる，つまり繰り上げていきます。
　四捨五入を指導したところで，「昨日から言ってた考えに似ている」という反応があり，自分たちが無意識に四捨五入に近いような考え方をしていたことを改めて確認することができた。
〈昨日の考え〉

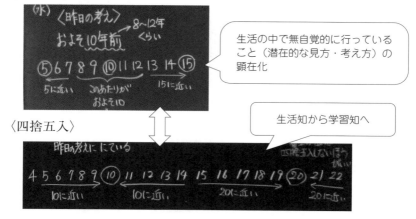

〈四捨五入〉

3　数学的活動をいかに組織するか

　これからの時代を生き抜く人材に期待される資質や能力を育成するためには，学習の中で子供にとって価値ある問いが設定され，子供が潜在的にもっている見方・考え方をどれだけ掘り起こすことができるのかが重要になる。そして私たち教師には，その着眼点を授業の中で丁寧に確認し，質の高い問題解決学習を描いていくことが求められているのではないかと考える。

　本事例では，子供たちが日常生活の中で使っているおよその数についての知識・経験を掘り起こし，そこへ揺さぶりをかけることが導入時における大事なポイントとなった。

　自分なりの解をもった子供は，自分の考えを数学的な表現を用いて説明していく。さらに，数学的な表現を用いて他者との交流をし，解を見直していく。そして，よりよい新たな解の創造に向けて，見方・考え方を成長させていくのではないかと考える。

第5節
主体的・対話的で深い学びを目指す数学的活動（低学年）

Q 低学年における数学的活動の具体を教えてください。

1 低学年の数学的活動

新学習指導要領で示された低学年の数学的活動は次のとおりである。

1年	2・3年
ア　数量や図形を見いだし，進んで関わる活動	
身の回りの事象を観察したり，具体物を操作したりして，	
数量や形を見いだす活動	数量や図形に進んで関わる活動
イ　日常の事象から見いだした問題を解決する活動 ウ　算数の学習場面から見いだした問題を解決する活動	
日常生活の ｜ 算数の	日常の事象から ｜ 算数の学習場面から
問題を具体物などを用いて解決したり結果を確かめたりする活動	見いだした算数の問題を，具体物，図，数，式などを用いて解決し，結果を確かめる活動
エ　数学的に表現し伝え合う活動	
問題解決の過程や結果を，	
具体物や図などを用いて表現する活動	具体物，図，数，式などを用いて表現し伝え合う活動

　低学年の数学的活動のポイントは，身の回りの事象を観察したり，具体物を操作したりして，数量や図形を見いだし，進んで関わっていくことと，問題を解決し，得られた結果を振り返り確かめることであ

る。また，問題解決の過程や結果について，具体物や図などを用いて表現することも明確に位置付けることが大切である。さらに，高学年の数学的活動につながるよう，問題発見・解決の仕方そのものも資質・能力として身に付けていくものとして捉え，示された低学年の数学的活動をきちんと遂行していきたい。

2　授業づくりの視点

「深い学び」の実現を目指すためには，「どのように学ぶか」という学びの質が重要であり，数学的活動をどのように組織するかが大きく関わってくる。その際，主体的に問題発見・解決に取り組めるようにすること，また，よりよく学べるよう対話的な学びを適宜取り入れていくことが大切である。

そこで，以下の点を明確にして問題発見・解決の過程を描いていく。

- ・働かせる数学的な見方・考え方（主体的な学び）
- ・考えを伝え合うことで見いだすこと（対話的な学び）
- ・問題解決の過程や結果の振り返りで見いだすこと（深い学び）
- ・具体物や図などを用いた表現の仕方（数学的表現）

3　研究事例（イ　日常）

1時間の数学的活動をどのように組織していくとよいか，第1学年「ひき算（求小）」を通して考える。

(1)　本時で育てたい資質・能力

○知識及び技能

・大小2つの数量の差と大きい方の数量が分かっており，小さい方の数量を求める場合（求小），減法が用いられることを理解する。

○思考力，判断力，表現力等
・数量の関係に着目し，問題場面を図に表すことを通して，減法が用いられる場面として判断することができる。
○学びに向かう力，人間性等
・日常の事象から，加法及び減法の場面を見いだし，計算の意味と結び付けて解決していこうとする。

(2) 問題発見・解決の過程

　具体的な場面について，数量の関係を捉え，加法や減法が用いられる場面として判断できるようにする。1年生のこの段階では，対象とする数が小さく，図を用いるなどして簡単に答えを求めることができる。しかし，答えは分かっても，場面を式と結び付けて考えることが難しい。問題場面，図，式を結び付けて解決していく学習過程を積み重ねることで，問題場面の数量の関係に着目し，既習の加法及び減法の意味と結び付けて解決する仕方を徐々に身に付けさせていきたい。

① 問題提示・課題把握

　問題場面を提示し，前時の問題場面との違いを問う。児童は，前時は何個か多い問題（求大）だったが，本時は少ない問題（求小）であることに気付くだろう。その上で，○の図をかいたら，問題場面の数量の関係が分かり，立式につながったことを想起させ，同じように問

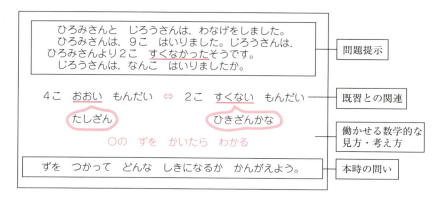

題場面の様子を○の図にかくとよいのではないか，答えを出すだけでなく，図を手がかりにして立式につなげようというように本時の問いを焦点化していく。

このように，これまでの学習を具体的に振り返り，「問題場面の数量の関係に着目し，計算の意味と結び付けて解決する」ことの意味を捉えて，解決の実行に進めるような導入にしていきたい。

② **解決の実行**

解決の過程で，「問題場面について，加法や減法が用いられる場面として判断すること」と，「問題の答えを求めること」との違いを自覚させていくことが大切である。

ここで，働かせる数学的な見方・考え方は次のとおりである。

【見方】
・数量の関係に着目する。
○○○○←○○　　2つの集合を合わせる場面か
○○○○ ○○ →　1つの集合から部分集合を取り除く場面か
【考え方】
・問題場面を図に表すことを通して，数量の関係を捉える。
・計算の意味と結び付けて，演算決定する。

〈自力解決〉

ノートに問題場面の様子を○の図でかかせる。図をかくと，じろうさんの輪投げが入った数は明らかであるが，問いは「どんな式になるか考えること」である。そこで，図がかけた子には，図を手がかりにしてどんな式になるかを考えさせる。先に，9－2と立式できた子には，その式でよいわけを説明するようにさせる。

〈共同思考（対話的な学び）〉

　図を用いて，どんな式になるかを筋道立てて説明する機会を設ける。出来上がった図を基に説明してもよいが，ここでは，図をかきながら，または具体物を操作しながら説明することを提案する。

「ひろみさんは，輪投げが9こ入りました。」

「じろうさんは，ひろみさんより2こ少なかったそうなので，2こ少なくします。」

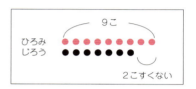

「ひろみさんが入れた9こから2こ取ると，じろうさんが入れた数と同じになります。」
「だから，式は9－2になります。」

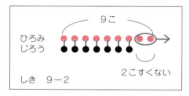

　低学年は，ただ説明を聞くだけでは，友達の考えを理解することが難しい。一方が解決の過程を具体物や図を用いて説明したら，他方がその考えを再現するというように対話的に学ぶことを通して，何に着目し，どのように考えたのかを見いださせていきたい。

③　解決したことの振り返り

〈結果の確かめ〉

　問題場面で問われていることと，9－2の答えの7が何の数を表しているのかを図を用いて確かめる。

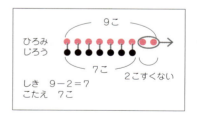

「9－2＝7で，答えの7はじろうさんが入れた輪投げの数です。だから，答えは，7こです。」

〈働かせた見方・考え方〉

　解決の過程を振り返り，どのような見方・考え方を働かせたら，立

式につながったかを見いだせるようにする。「問題の場面を○の図にかいて，合わせるお話か，取るお話か考えたら，式が分かった」ということに気付かせ，図を用いると場面の様子が捉えやすく，立式につながることを実感させる。

4　研究事例（ウ　数学）

次に，単元を通して数学的活動をどのように組織していくとよいか，第3学年「かけ算」を通して考える。

(1)　本単元で育てたい資質・能力

○知識及び技能
- 2位数や3位数に1位数をかける乗法の計算が，乗法九九などの基本的な計算を基にしてできることを理解する。また，その筆算の仕方について理解する。
- 2位数や3位数に1位数をかける乗法の計算が確実にでき，それを適切に用いることができる。

○思考力，判断力，表現力等
- 乗法の意味や乗法に関して成り立つ性質，十進位取り記数法に着目し，既習の計算が使えるように工夫して，2位数に1位数をかける乗法計算の仕方を見つける。
- 乗法に関して成り立つ性質，十進位取り記数法に着目し，2位数に1位数をかける乗法計算の仕方を基に類推的に考え，3位数に1位数をかける乗法計算の仕方を見つける。

○学びに向かう力，人間性等
- 既習の学習を振り返り，新たな問いを見いだしたり，活用してきた見方・考え方を生かしたりして，問題を解決していこうとする。

(2)　働かせる数学的な見方・考え方の分析

単元を通して働かせる数学的な見方・考え方について分析し，系統

的に捉えることで，児童が見通しをもち問題解決に粘り強く取り組んだり，解決の過程を振り返り，前の学習とつなげたりすることができるようにする。

　以下，本単元において働かせる数学的な見方・考え方に関わる既習事項を整理した。

【見方】

　○乗法の意味「（１つ分）×（いくつ分）」　例）７×３＝７＋７＋７
　○分配法則　例）12×３＝６×３＋６×３
　○（何十，何百）×（１位数）の計算の仕方
　　例）20×３　10を１と見て，「10が（２×３）こ」と考える。
　○十進位取り記数法
　　例）23は10を２こ，１を３こ合わせた数
　　例）10が10こ集まったら，次の位に１くり上がる

【考え方】

　○目的に応じて図などを活用すること
　・かけ算の計算の仕方を考える　・数の構成を捉える
　　例）12×３の計算の仕方　　　　例）23の数の構成

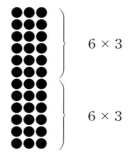

位取り表

十の位	一の位
2	3

図
⑩⑩　①①①

　○根拠を基に筋道を立てて計算の仕方を考えること
　・既習の計算でできるように工夫する
　・既習の計算の仕方から類推する

(3) 問題発見・解決の過程

単元を通して働かせる数学的な見方・考え方を軸にし，つながりのある数学的活動を組織していくことで，問題発見・解決の仕方を学べるようにする。その際，前時までに解決したことと比較し，本時の新たな問いを明確にすることや，解決の仕方を比較検討し，新たな知識・技能を見いだしていくこと，結果を振り返り，働かせた数学的な見方・考え方をまとめたり，これまで解決したことと結び付けたりすることが大切である。

① 「2位数×1位数の計算の仕方」

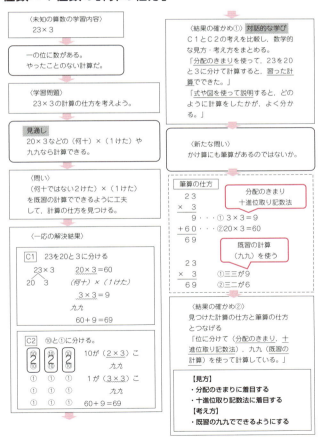

対話的な学び①
問題解決の過程や結果を式や図を用いて，友達と交流する。

↓

〈未知の算数の学習内容〉 25×3

↓

$\begin{array}{r} 25 \\ \times\ 3 \\ \hline \end{array}$　　…　三五 15 → 10を超える

↓

〈学習問題〉 25×3の計算の仕方を考えよう。

↓

見通し
23×3と同じように，分配のきまりを使ったら，解決できるのではないか。

↓

〈問い〉
一の位の答えが10を超える場合の（2けた）×（1けた）の計算の仕方を見つける。

┆

〈結果の確かめ①〉　対話的な学び②
23×3の計算の仕方と比較し，数学的な見方・考え方をまとめる。

↓

〈新たな問い〉
筆算はどのようにすればよいのだろう。

↓

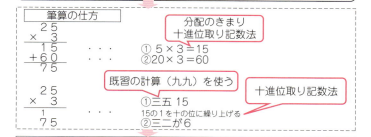

↓

〈結果の確かめ②〉
共通する見方・考え方とともに，新たに働かせた見方・考え方をまとめる。「一の位の九九の答えが10を超えるときは，十の位に繰り上げる（十進位取り記数法）」

第5節 主体的・対話的で深い学びを目指す数学的活動（低学年）

〈未知の算数の学習内容〉
42×3　57×3

①　　4 2
　×　　3
　　　　6
「三四 12」
・・・十の位の計算→10を超える

②　　5 7
　×　　3
　　2
　　　　1
「三五 15」

〈学習問題〉
42×3，57×3の筆算の仕方を考えよう。

見通し
25×3と同じように，次の位に繰り上げれば（十進位取り記数法）よいのではないか。

〈問い〉
十の位の答えが10を超える場合の（2けた）×（1けた）の筆算の仕方を見つける。

〈一応の解決結果〉
①　　4 2
　×　　3
　1 2 6

②　　5 7
　×　　3
　　2
　1 7 1

十進位取り記数法

・・・12や15の1を百の位に繰り上げる

〈結果の確かめ①〉
①　　4 2
　×　　3
　　　　6 ・・・ 2×3
＋1 2 0 ・・・ 40×3
　1 2 6

②　　5 7
　×　　3
　　2 1 ・・・ 7×3
＋1 5 0 ・・・ 50×3
　1 7 1

分配のきまり・十進位取り記数法

〈結果の確かめ②〉
一の位が10を超えた場合と比較し，共通する見方・考え方をまとめる。
「一の位や十の位の九九の答えが10を超えるときは，次の位に繰り上げる（十進位取り記数法）」

② 「3位数×1位数の計算の仕方」

　3位数×1位数については，2位数×1位数の問題発見・解決の過程を基に，次の点について主体的に考えさせ，2，3位数×1位数の計算の仕方をつなげて捉えられるようにしていきたい。

- 2位数×1位数を基にして類推的に考える。

　　例）312×3の筆算の仕方

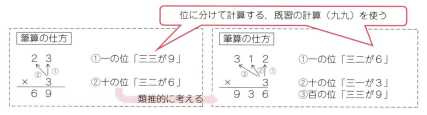

- 計算の仕方を根拠に結果の確かめをする。

　　例）312×3の計算の仕方

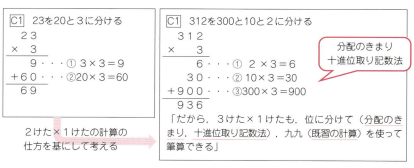

- 2位数×1位数について，計算ができる範囲を広げてきた過程を基に，3位数×1位数では，自ら問いをつなげていく。

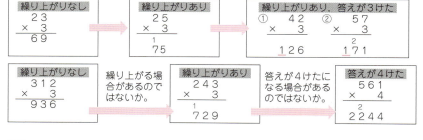

第6節
主体的・対話的で深い学びを目指す数学的活動（高学年）

Q 高学年における数学的活動の具体を教えてください。

1　授業のねらい

合同な四角形のしきつめを通して，しきつめた図形の中に他の図形を見いだしたり，平行線の性質に着目したりして，しきつめられるかを考え，平面の無限の広がりやその美しさに触れる。

2　授業展開

(1)　日常の事象から数学的に表現した問題へ

数学的活動の出発点は，子供が問題を発見し，みんなで解決したいと思う問題を設定することである。そのためには，教師は問題を与えるのではなく，現実の世界と算数の世界の橋渡しの役割をしながら，子供を解決したい問題へ誘いたい。まず，導入では，教師は子供と数理的に捉える過程を楽しみながら，一人一人の子の数学的活動を充実させるために，問題場面の意味を正しく理解させる。

　T：普段，歩いている地面や壁の模様の中には，どんな形があるかな？
　C：模様なんてあるかな？　教室の壁にはない気がするけれども……。

C：長方形や正方形は見たことある。

C：どこで？

C：学校の廊下が細い長方形がずっとつながっているよ。

T：よく気が付いたね。では，次の写真にはどんな形が見えるかな？

C：〈左の写真〉お堀の石垣の岩だ。四角形がいっぱい見える。

C：〈右の写真〉丸い石ころが隙間なくしきつめられている。

C：学校の外にも，色々な形が集まってできているものがあるのだね。

T：そうだね。どちらも色々な四角形や丸い形が見えるね。では，次に見せる写真は今までのものと比べてどこが違うかな？

C：正方形とか長方形しかなくて，どちらもばらばらではない。

C：正方形も長方形もどれも同じ形で同じ大きさだ。

C：合同な正方形や長方形が集まっているから簡単にしきつめられる。

|主発問| ほかにどんな四角形だったら，しきつめられそうかな？

C：平行四辺形はしきつめられる（大多数）。られない（少数）。

T：本当に？　隣の子と自分が考えていることを確かめてごらん。
C：平行四辺形みたいに角が尖っていると，黒板のはじに当たってしまって，隙間ができるからできないでしょ。

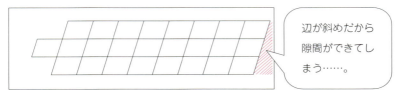

C：それは関係ないと思う。黒板の枠を考えなければ，平行四辺形も長方形や正方形と同じように，上下左右に並べていけば，ずっと一面に隙間なく広がっていくよ。無限だね。

　このように，長方形や正方形などの基本図形を基に，しきつめられそうな四角形（平行四辺形）を自由に考えさせる。その過程で図や操作などを通して数理的に捉えたり，確かめたりして，一人一人の数学的活動に自信をもたせて，主体的に問題発見に取り組ませる。

(2)　子供の考えのずれから，子供が問いを見いだす

　教師は子供とやりとりする中で，日常の事象や算数の学習場面から，子供から問いを引き出して，自立的，協働的な問題解決過程へ導くことになる。そのために，教師が子供の心に揺さぶりをかけるような工夫やしかけが必要になる。そこで，さらに主発問に対して追究して，子供のつぶやきを大切にしながら，自由な発想や着想のきっかけを引き出し，共有する。

T：平行四辺形以外の四角形でもしきつめできそうな四角形はある？
　　それとも，逆にしきつめできなさそうな四角形はある？
C：ひし形だったらしきつめできそう（大多数）。
T：どうして，ひし形を思いついたの？

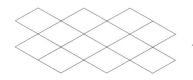

平行四辺形と同じように2組の辺が平行だから。

C：だって，平行四辺形に似ているから。
C：ひし形も向かい合う辺が平行で，平行四辺形の仲間だから。
T：図形の構成要素や性質に着目したり，他の四角形と比較したりしながら考えたのがよいね。
C：ふつうの四角形は絶対にできない（全員）。
C：台形もできなさそう（大多数）。
C：だって，台形の模様でしきつめなんて見たことがないよ！
T：本当に？（間を取ると，子供たちの表情に変化が見られ……。）
C：先生，台形でもしきつめできるかもしれない！

台形はしきつめられるか？

このように，子供の問いを引き出すには，子供に学習の見通しをもたせ，疑問を生み出し，予想させる場面の設定が必要になる。そこで，友達と自分の考えにずれが生じるので，問いが生まれ，試行錯誤しながら，主体的に解決に進むのである。このずれを生むために，教師は子供の気持ちに寄り添い，簡単に解決できそうな図形をきっかけにして，段々と解決できなさそうな図形に話題が移るようにして，一緒に問題を育て温めて，子供の意見が大きく分かれるポイントを見極めることが大切である。

(3) 多様な考えを認め合い，対話的な学び合いへ導く

高学年の子供が問題解決しているときに，教師が心がけることは，決して稚拙な考えや未熟な考えを疎かにしないことである。なぜなら，このような素朴な考えは解決には不完全であったり，間違いや失

敗の可能性が高かったりするが，逆手に取れば，改善する余地がある考えとも言えるであろう。

　ついつい，教師は解決に直結するような模範的な考えを取り上げがちだが，これでは対話的に学び合う学習過程は導けない。解決した子を直ちに指名するのではなく，間違いや失敗を基にして，どのように考えれば，よりよく解決できるのかを練り上げる場面を設定する。そこで，友達の考えとの違いを受け入れ，よりよい解法に洗練させていくための意見の交流や議論などを通して対話的に学び合い，お互いに高められれば，協働的な数学的活動が充実することになるだろう。

　C：やっぱり，台形はしきつめできないよ。だって，今までしきつめられた正方形，長方形，平行四辺形，ひし形はそれぞれ2組の辺が平行だったから，隙間なく並べられたんだよ。
　C：台形は1組の辺しか平行ではないから……，隣りにぴったりとくっつけられない。三角形の隙間が空いてしまう。
　C：平行だから，上下には重ねられるけれど，左右にはつながらない。
　T：確かにそうだね。平行が1組だから，このままの並べ方だとしきつめられそうもないね。でも，しきつめられた子がいるんだよね。

　　　どうしたら，合同な台形がしきつめられるのか？

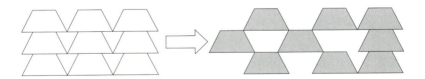

　C：〈左図〉台形の上の辺と下の辺の長さが違うから合わない。
　C：〈右図〉頂点同士をくっつけたらいいと思うよ。
　C：あっ！　すごい！　見えた！　2種類（灰色と白色）の台形が

……。
T：本当は見えない台形（白色）が見えるなんてすごいね！
C：そっかぁ。全て合同だから，同じ辺の長さ同士を合わせるのかな。

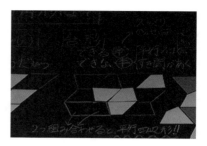

C：台形の4つの角を1か所に集める。（徐々に挙手する子が増える）
C：台形を動かせばよかったんだね。
T：どのように台形を動かしたら，しきつめられましたか？
C：逆さに回転させれば，つなげられる。
T：黒板で台形のしきつめができそうな子はいますか？
C：〈右図〉ひっくり返して，2つを組み合わせたら……，（説明するのを止めさせて）
T：どんな図形が見えましたか？ 隣り同士で確かめてみよう。
C：分かった！ 平行四辺形が見えた！
C：台形を逆さに2つ組み合わせると，平行四辺形になるからね。
T：平行四辺形として見られたのが素晴らしいですね。

このように，問題解決した子がヒントを与えることで，一見，失敗したように見えた並べ方でも，練り直して新たな考えを導ける。これは自分の考えに自信をもてたり，友達の考えを尊重したりすることにつながり，対話的な学び合いの教育的価値である。重要なのは誤答が友達の考えとのずれを生み出し，対話的な学び合いを生み出す原動力になっていることである。

　解決できた子も，できなかった子もその時点で一喜一憂するのではなく，自分や友達の考えの違いを認め，学習過程と成果を振り返り，よりよく問題解決できたことを実感する機会になれば，創造的な数学的活動になるだろう。それから，一度，失敗したから諦めるのではな

く，異なる視点や新たな切り口から図形を見直すことで，粘り強く柔軟にものを見る資質・能力が育まれることになるに違いない。

また，多様な考えは，決して誤答や失敗だけとは限らない。合同な台形をしきつめるといっても，その並べ方は様々である。次の（ア）～（エ）は１段目を固定して，２段目以降を右に少しずつ移動させていくと，台形が生み出す模様は変わるが，しきつめられることには変わりない。

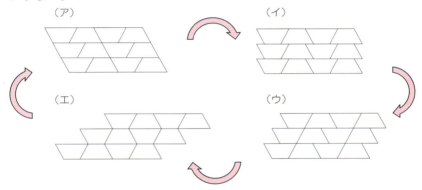

（4） 解決の過程を振り返って，統合的に考察する

問題解決を終えると，結果や解決の過程を振り返って，思考の整理をすることが深い学びの鍵になる。なぜなら，どのような視点で物事を捉え，どのように考えを進めてきたかという思考過程を確かめることで，新たなものの見方・考え方を獲得できるからである。

　　T：はじめに台形はしきつめできなさそうに思っていたのに，どうしたらしきつめできたの？
　　C：くるっと回転させて，合体させたらできた。
　　C：２つ組み合わせると，大きな平行四辺形になるからできる。
　　T：そうだね。図形を回転させて動かすのがポイントだったね。大きな平行四辺形が見えたら，あとはどうやってつなげたの？

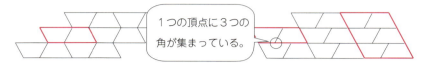

1つの頂点に3つの角が集まっている。

C：〈左図〉対応する辺同士をつなげた。

C：1つの頂点に4つの角が集まるように並べればよい。

C：〈右図〉対応する辺同士つなげなくても，しきつめられたよ。

C：えっ？　さっきは隙間ができたのに……。

> 平行四辺形が見えたら，つなぎ方はしきつめに関係ないのか？

T：〈右図〉これはどうやってつなげたか分かる子いる？

C：1つの頂点に3つの角しか集まっていないところがある。

C：台形の横の斜めの辺をそろえてつなげていったと思う。

C：あっ，もっと大きな平行四辺形が見えたよ！

C：もとの台形が6個集まって，大きな平行四辺形ができた！

C：分かった！　平行四辺形が発見できれば，しきつめできる。

T：どういうこと？

C：もとの台形を組み合わせて平行四辺形ができたら，あとは平行四辺形のしきつめと同じだと思う。

C：つなぎ方は関係なくて，できた平行四辺形を上下左右にどんどんつなげていけばいいってことだよね。

C：台形のしきつめは結局，平行四辺形やひし形のしきつめと同じだ。

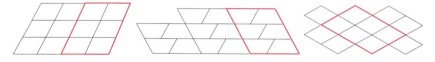

このように，台形のしきつめの仕方を振り返る過程で，しきつめ模様の中に平行四辺形を見ることができれば，しきつめできそうなことが明らかになってきた。それから，それを根拠にして，しきつめして

きた３種類の四角形を見直してみると，図のように，実はどのしきつめ模様にも色々な平行四辺形を発見することができた。

> しきつめ模様の中に平行四辺形が見えれば，しきつめできそう

　子供が何に着目して，どんな既習内容に関連付けて思考を進めてきたかを確かめていくと，繰り返して同じように見てきたものを統合的に捉え直すことができる。すると，新たな問いが生まれて発展的な考察をする過程で活用したり，日常生活に生かしたりできるだろう。つまり，新たに獲得したものの見方・考え方を活用できるように，統合的な考えが大切である。

(5)　発展的に考察して，新たな問いを生み出す

　問題解決が終わり，新たなものの見方・考え方を獲得すると，それを活用して，新たな問いを生み出して，さらなる解決過程に入る。例えば，「他の場合にも当てはまらないか」と特殊から一般化を進めたり，「なぜ，そのようになるのか」という根拠を明らかにしようとしたりして追究することで，物事のしくみや本質に迫る深い学びが実現する。

> ふつうの四角形の場合でもしきつめられるか？

　C：できないと思う（全員）。
　C：ふつうの四角形とは平行や直角がない四角形のことでしょ。
　T：そうだね。どうして，できないと思ったのかな？
　C：しきつめ模様の中に平行四辺形が見えると，しきつめできそうだって分かったけれど，ふつうの四角形には見えないから。
　C：だって，台形もひし形も平行四辺形も必ず辺が１組か２組か平行だから，しきつめたときに大きな平行四辺形が見えたと思う。
　T：なるほど。それでも，実際にしきつめに挑戦してみる子はい

る？
C:〈左図〉どうしても,隙間が空いて,しきつめられない……。
C:〈右図〉4つの角を順番に組み合わせていったら,できたよ！四角形の4つの角の和は360°だから,平面を1周することになるね。

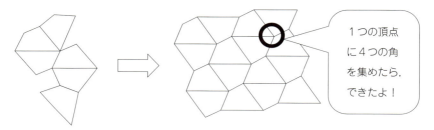

1つの頂点に4つの角を集めたら,できたよ！

C:すごいね！　綺麗な模様になっていて,美しいね。
T:1周が360°に着目して,しきつめられたのが素晴らしい。

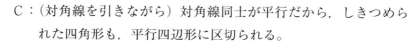
なぜ,平行四辺形が見えないのにしきつめられたのか？

C:平行四辺形としきつめは関係がありそうで,なかったのかなぁ。
C:平行が見えたよ！
C:えっ,どこに？
C:対角線をつないだら……。
T:どういうこと？　誰か引いてくれる子？

C:(対角線を引きながら)対角線同士が平行だから,しきつめられた四角形も,平行四辺形に区切られる。
C:ふつうの四角形のしきつめ模様の中に平行四辺形が見えるなん

てびっくりした。図を見ると，平行な線の幅は同じで変わらないから，ずっと，平面を埋め尽くすことができるんだね。
(最後にエッシャーのしきつめを紹介して，授業を終えた。)

【参考文献】
○M.C.エッシャー『無限を求めて』朝日選書，1994年
○中央教育審議会初等中等教育分科会教育課程部会算数・数学ワーキンググループ「算数・数学ワーキンググループにおける審議の取りまとめ」2016年8月
○文部科学省「小学校学習指導要領解説算数編」2017年6月

第4章

学習指導要領を生かす
算数のカリキュラム・マネジメント

第1節 社会に開かれたこれからの算数の カリキュラム・マネジメント

1 カリキュラム・マネジメントの充実

Q カリキュラム・マネジメントとはどのようなものですか。また，その目的は何ですか。

(1) 新学習指導要領におけるカリキュラム・マネジメント

平成29（2017）年3月に告示された新学習指導要領には，カリキュラム・マネジメントに関する記述が新たに設けられている。総則第1の4に，次のように示されている。

> 各学校においては，児童や学校，地域の実態を適切に把握し，教育の目的や目標の実現に必要な教育の内容等を教科等横断的な視点で組み立てていくこと，教育課程の実施状況を評価してその改善を図っていくこと，教育課程の実施に必要な人的又は物的な体制を確保するとともにその改善を図っていくことなどを通して，教育課程に基づき組織的かつ計画的に各学校の教育活動の質の向上を図っていくこと（以下「カリキュラム・マネジメント」という。）に努めるものとする。

教育課程の編成主体は各学校である。各学校には，学習指導要領等を踏まえ，学校や地域の現状・課題を捉え，次の3つの側面からカリキュラム・マネジメントを充実させていくことが求められている。

(ア) 教育の目的や目標の実現に必要な教育の内容等を教科等横断的

な視点で組み立てていくこと。
  (イ) 教育課程の実施状況を評価してその改善を図っていくこと。
  (ウ) 教育課程の実施に必要な人的又は物的な体制を確保するとともにその改善を図っていくこと。

このカリキュラム・マネジメントの3つの側面は，中央教育審議会答申（平成28年12月）においては次のようにまとめられていた。

① 各教科等の教育内容を相互の関係で捉え，学校教育目標を踏まえた教科等横断的な視点で，その目標の達成に必要な教育の内容を組織的に配列していくこと。

② 教育内容の質の向上に向けて，子供たちの姿や地域の現状等に関する調査や各種データ等に基づき，教育課程を編成し，実施し，評価して改善を図る一連のPDCAサイクルを確立すること。

③ 教育内容と，教育活動に必要な人的・物的資源等を，地域等の外部の資源も含めて活用しながら効果的に組み合わせること。

答申の表現と比べると，総則では「教育課程の改善を図ること」という目的が強調されている。質の高い教育活動を目指して，各学校が教育課程の不断の改善に取り組んでいくことが重要であると言える。

(2) 教育課程とカリキュラム・マネジメント

カリキュラム・マネジメントという用語が公式に使われたのは，平成20（2008）年1月17日の中央教育審議会の答申「幼稚園，小学校，中学校，高等学校及び特別支援学校の学習指導要領等の改善について」が最初と言える。

この答申では，「教育課程におけるPDCAサイクルの確立」として，「各学校においては，このような諸条件を適切に活用して，教育課程や指導方法等を不断に見直すことにより効果的な教育活動を充実させるといったカリキュラム・マネジメントを確立することが求められる」と示されている。

ちなみに，教育課程については，文部科学大臣が定め[1]，教育委

会が管理・執行[②]し，学校において編成[③]するとされている。その根拠となる法令等は，次のとおりである。

  ・学校教育法33条，同施行規則50条〜58条　　……①
  ・地方教育行政の組織及び運営に関する法律21条……②
  ・小学校学習指導要領総則第1の1　　　　　　……③

なお，「学校において編成する」というのは，校務掌理権[*]をもつ校長の責任において編成するということであり，実際には全ての教職員が協働してつくり上げていくということである。

このことは，教育課程の編成だけでなく，教育課程の実施・評価・改善などを含めたカリキュラム・マネジメントにおいても同様に当てはまる。総則第5の1のアには，「各学校においては，校長の方針の下に，校務分掌に基づき教職員が適切に役割を分担しつつ，相互に連携しながら，各学校の特色を生かしたカリキュラム・マネジメントを行うよう努めるものとする」と示されている。

＊「校長は，校務をつかさどり，所属職員を監督する。」（学校教育法第37条4）

(3) カリキュラム・マネジメントの目的

なぜ，カリキュラム・マネジメントが必要なのであろうか。

端的にいえば，学校における教育活動の質の向上を図るためと言える。マネジメントとは，様々な資源や資産・リスクなどを管理し，経営上の効果を最適化しようとする営みのことである。目標や目的を達成するために必要な要素を分析し，成功するために手を打つことと言える。このことは，教育課程（カリキュラム）の編成や実施にも当てはめて考えることができる。

よりよい教育の実現には，まず，児童や地域の実態に応じて，目指す資質・能力を明らかにするなど，適正な目標の設定が重要である。また，その実現に向けた望ましい教育課程の編成が必要である。

さらに，実施の前提となる教育諸条件を整えることや，より効果的

な教育課程となるように教科等横断的な視点で組み立てて，指導のベクトルを揃えることなどが必要である。

そして，教育課程に基づいて教育活動を実施するだけでなく，それがうまく効果を上げて，目指す資質・能力がバランスよく育成できているかどうかを評価し，よりよいものに改善を重ねて充実させていくことが必要である。

2　社会に開かれた算数のカリキュラム

Q 算数科における「社会に開かれた教育課程」とはどのようなものですか。

中央教育審議会答申（平成28年12月）において，「よりよい学校教育を通じてよりよい社会を創る」という目標を学校と社会が共有し，連携・協働しながら，新しい時代に求められる資質・能力を子供たちに育む「社会に開かれた教育課程」の実現を目指すことが示されている。さらに，学習指導要領等が，学校，家庭，地域の関係者が幅広く共有し活用できる「学びの地図」としての役割を果たすことができるように，「何ができるようになるか」「何を学ぶか」「どのように学ぶか」「何が身に付いたか」などについて，その枠組みを改善するとともに，各学校において教育課程を軸に学校教育の改善・充実の好循環を生み出すことなどが求められている。

このため，今回の改訂の基本方針の1つとして，「教育基本法，学校教育法などを踏まえ，これまでの我が国の学校教育の実践や蓄積を活かし，子供たちが未来社会を切り拓くための資質・能力を一層確実に育成」することを目指すこと，「子供たちに求められる資質・能力とは何かを社会と共有し，連携する『社会に開かれた教育課程』を重視」することが挙げられている。

このことは，算数についても当てはめて考えることができる。未来社会を切り拓いていく子供たちに求められる資質・能力の育成に算数がどのように貢献していけるのか，算数で育成すべき資質・能力の中核に何をおくかなどを明らかにして，それを学校と社会とが共有し，連携して実現に向けて歩んでいくことが重要である。

3 算数で育成を目指す資質・能力の明確化

Q 資質・能力の育成に関わる算数科の役割は何ですか。

今回の改訂では，教育課程全体を通して育成を目指す資質・能力を，「何を理解しているか，何ができるか（生きて働く「知識・技能」の習得）」「理解していること・できることをどう使うか（未知の状況にも対応できる「思考力・判断力・表現力等」の育成）」「どのように社会・世界と関わり，よりよい人生を送るか（学びを人生や社会に生かそうとする「学びに向かう力・人間性等」の涵養）」の三つの柱に整理し，各教科等の目標や内容についても，この三つの柱に基づく再整理がなされている。

これらの資質・能力は，各教科のある単元の学習だけで育まれていくものではない。むしろ，似たような場面で繰り返して習得したり学び直したりして獲得していくものと考えられる。さらには，教科を超えた様々な学びの場のつながりを通して身に付けていくものである。

例えば，「事象と事象をつなげて捉え，そこに関係性や規則性を見いだし，それを利用して今後を予想したり問題の解決を図る」は算数の「C　変化と関係」や「D　データの活用」の領域の学習だけで育まれるものでなく，他の領域の学習によっても高められるし，社会科の資料を分析・利用する際の考察などによっても培われる。また，

「事象の特徴からより普遍なものを見いだしたり，その本質を捉えたりする」は，算数の「Ａ　数と計算」の領域の学習によって育まれるだけでなく，他の領域の学習や理科における自然事象の変化の観察とその要因の考察などによっても培われる。さらには，「結果を鵜呑みにしないで慎重に結論を出そうとする賢明な態度」や「真実を求めて異なる意見や考えを尊重し議論を深めていく姿勢」などは，算数の学習だけでなく，いろいろな教科等の学習で高められていくものである。

このため，算数の指導の計画と他の教科の指導の計画をうまく組み合わせて，相乗的に大きな教育効果が生まれるように工夫を凝らしていくことが肝要である。

4　算数の指導計画作成の工夫

Q 年間指導計画を作成する上での留意点は何ですか。

算数の指導計画を作成するに当たっては，学校教育目標や全体教育計画との関連を明確にすることが重要である。

新学習指導要領の総則第２の１として，「各学校の教育目標と教育課程の編成」が新設され，「教育課程の編成に当たっては，学校教育全体や各教科等における指導を通して育成を目指す資質・能力を踏まえつつ，各学校の教育目標を明確にするとともに，教育課程の編成についての基本的な方針が家庭や地域とも共有されるよう努めるものとする」と示されている。学校教育目標の具現化に向けて，学校内外の全ての教育活動のベクトルを同じくすることによって，大きな力を生み出そうとする意図を読み取り，より望ましい指導計画を作成することが期待される。

このため，年間指導計画の作成に当たっては，学校教育目標を子供の姿として，より具体的に設定することや子供に身に付けていてほしい力等を具体的に明らかにするなどして全職員で共有し，全体計画を明らかにして取り組む必要がある。

年間指導計画は，1時間ごとの指導の計画（指導案）や単元の指導の計画を束ねたものである。この三者の間に整合性をもたせる必要がある。特に，ねらいとする内容や育てたい資質・能力のつながりを明確にするとともに，学びに向かう力などの学ぶ態度の育成についても，計画的に設計していく必要がある。

5　算数の年間指導計画作成上の留意点

Q 算数科における年間指導計画の作成のポイントや評価の視点について教えてください。

算数の学習指導要領の第3の「指導計画の作成と内容の取扱い」には，次の6つの指導計画作成上の留意点が示されている。これらに配慮し，年間の学習活動のイメージを捉えることのできるように工夫するなどして，年間指導計画の精緻化を進めていく必要がある。

(1)　算数科における主体的・対話的で深い学びの実現

自ら問題の解決に向けて見通しをもち，粘り強く取り組み，問題解決の過程を振り返り，よりよく解決したり，新たな問いを見いだしたりするなどの「主体的な学び」の実現，事象を数学的な表現を用いて筋道立てて説明したり，よりよい考えや事柄の本質について話し合い，よりよい考えに高めたり事柄の本質を明らかにしたりするなどの「対話的な学び」の実現，日常の事象や数学の事象について「数学的な見方・考え方」を働かせ，数学的活動を通して，新しい概念を形成したり，よりよい方法を見いだしたりするなど，新たな知識・技能を

身に付けてそれらを統合し，思考，態度が変容するなどの「深い学び」の実現が求められる。これらの主体的・対話的で深い学びを，どこでどのように設定するかを十分に想定して，作成に臨む必要がある。

また，数学的な見方・考え方を働かせながら，日常の事象を数理的に捉え，算数の問題を見いだし，問題を自立的，協働的に解決し，学習の過程を振り返り，概念を形成するなどの学習を指導計画に適切に位置付けることも大切である。

(2) 継続的な指導や学年間の円滑な接続

算数の内容の系統性を大切にするとともに，育成を目指す資質・能力を学年の進行に伴って段階的に高めていくことができるように，知識及び技能の習得，思考力，判断力，表現力等の育成，学びに向かう力，人間性等の涵養に焦点を当てて，継続的な指導が実現するように指導計画を編成することが重要である。

(3) 領域間の指導の関連

新学習指導要領では，目指すべき資質・能力を明らかにするとともに，中学校数学との接続を明確にする観点から，領域の構成が改められている。年間指導計画作成に当たっては，各領域の内容間のつながりや系統性に配慮しつつ，各内容を適正で効果的に配置するよう工夫することが重要である。

(4) 低学年の指導

低学年の指導においては，幼稚園教育要領等に示す幼児期の終わりまでに育ってほしい姿との関連を考慮することが大切である。

1～3学年の数学的活動には，「日常の事象とつなげて考える活動」「算数の問題を見いだし解決する活動」「問題解決の過程や結果を数学的に表現し伝え合う活動」の3つに加え，「数量や図形を見いだし関わる活動」が加えられていることに注目する必要がある。子供たちが遊びや活動に浸る中から算数に出会うことを大事にしたいという意図

(5) 障害のある子供への指導

　障害のある子供に対するきめ細やかな配慮は，障害のない子供の学習にも大きな効果がある。このため，一人一人の見えにくさ，聞こえにくさ，分かりづらさ，種々の困難さなどについて，十分に理解する必要がある。また，学習活動に伴う困難さは一人一人異なることに留意し，その困難さに応じた指導内容や指導方法を工夫する必要がある。

(6) 道徳教育との関連

　学校における道徳教育は，道徳科を要として学校の教育活動全体を通じて行うものである。算数においても，教科の特質に応じて，児童の発達の段階に応じた適切な指導を行うことが必要である。

　年間計画の作成に当たっては，よりよいものやより美しいものを求める算数らしい態度等を育成していくことに配慮する必要がある。

6　算数の指導についての評価と改善

　評価についても，三つの柱に基づいて行うべきである。中央教育審議会答申（平成28年12月）では，学習の評価について「小・中・高等学校の各教科を通じて，『知識・技能』『思考・判断・表現』『主体的に学習に取り組む態度』の３観点に整理する」と示されている。

　各学校においては，これらの育成を目指す資質・能力について，自校の子供たちが「何ができるようになるか」という視点から具体的に明らかにして，教育活動を設計することが求められる。

第2節 小学校・中学校・高等学校を通した算数・数学の在り方

1 小・中・高のつながり

Q 小・中・高のつながりを考えて，算数・数学の指導をする必要があるのはどうしてでしょうか。

中学校では，小学校での学習を基にして数学の学習が行われる。高校での学習も同様である。例えば，小学校では整数，分数表記，小数表記される数について，その数の計算の意味や計算の仕方について学習する。小学校5年生の小数の乗法の学習では，乗法の意味が拡張される。そこでは，「基準にする大きさ（B）」の「割合（p）」に当たる大きさAを求める操作がB×pであるとし，数直線を用いて説明している（図1）。中学校では，負の数を含む数の乗法についての学習が行われるが，図1に表されるような小学校での乗法の意味を基にして学習するのであれば，数直線を0の左側にも延長し，小学校と同様な意味付けにより指導することも考えられる（図2）。この例は小学校での指導を活かした中学校での指

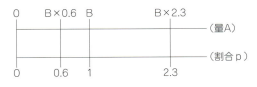

図1

図2

導についてであるが，小学校においても，教えている算数が中学校や高校の数学のどこへつながっていくのか，また，子供たちの考える力はどのように育っていくのかを見通して指導することは大切なことである。

2　図形の指導

> **Q** 中学校での指導を考えたとき，小学校での平行四辺形の性質や三角形の合同の扱いはどのようにすればよいのでしょうか。中学校での扱いとの関わりについても教えてください。

　小学校で扱われる内容には，中学校2年生の図形の指導において取り上げられるものが多い。例えば，平行四辺形や三角形についての内容や合同などが挙げられる。

（1）　平行四辺形の性質

　小学校では，平行四辺形の性質について帰納的に導かれる。その後，見つけた性質を基にして，図3のような図を用いて平行四辺形をかくことが扱われる。与えられた2辺を用いてかくことになるが，三角定規を利用し，「2組の向かい合う辺が平行」になるようにかく方法が考えられる。この方法でかいた四角形は，平行四辺形の定義に従ってかいているので，平行四辺形と言ってもよいことを押さえる。他の方法としては，コンパスを利用し，「2組の向かい合う辺の長さが等しく」なるようにかくことが考えられる。この方法でかいたものが平行四辺形になるかは確かめる必要がある。中学校では，三角形の合同条件などを用いて「2組の向かい合う辺の長さが等

図3

しい四角形は平行四辺形である」ことを証明するが中学校と同じような演繹的な扱いはできないし「平行四辺形の２組の向かい合う辺の長さが等しい」ことと「２組の向かい合う辺の長さが等しい四角形は平行四辺形である」は逆の関係にあることなどは発達段階や指導する意義を考えると扱えない。しかし，「２組の向かい合う辺の長さが等しくなる」ように四角形をかくと本当に平行四辺形になると言ってよいかと問いたい。このように問うことで，他の場合についても図をかく必要性が出てくる。２組の辺の長さが等しくなるように図をかいてみると，どの図も平行四辺形になることを確認し，この条件でかいた四角形も平行四辺形になることを小学校では帰納的に押さえ，中学校の学習へとつなげる。中学校では，このような学習を基にして平行四辺形の性質や平行四辺形になるための条件について演繹的に扱い，性質と条件を区別していくことになる。

(2) 三角形の合同条件

　小学校学習指導要領では「図形の形や大きさが決まる要素について理解するとともに，図形の合同について理解すること」と示されている。これについて，解説では「図形を構成する要素及び図形間の関係に着目して，与えられた図形と合同な図形をいかに構成すればよいかを考察する」とある。正方形や正三角形は一辺の長さが決まれば決まるし，ひし形は２つの対角線の長さが決まれば決まる。決まるとは，その条件で図をかいたときに，図形が１つに定まることである。どのような要素を決めれば，図形が１つに決まるかを考察することになる。特に，三角形については，どのような条件が決まれば形が１つに

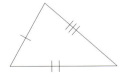
３つの辺の長さが決まる

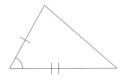
２つの辺の長さとその間の角の大きさが決まる

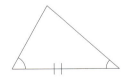
１つの辺の長さとその両端の角の大きさが決まる

決まり，与えられた三角形と合同な三角形をかくことができるかを考察する。三角形は3つの辺と3つの角から構成される図形である。図をかくことを通して，3つの辺の長さが決まるとき，2つの辺の長さとその間の角の大きさが決まるとき，1つの辺とその両端の角の大きさが決まるとき，三角形の形は1つに決まることに気付けるようにしたい。このような図をかくことを通して，三角形の形が1つに決まり，この3つの条件でかかれた三角形が合同になることに気付けるようにする。小学校では，図をかくことを通して，実感を伴って三角形が合同になる条件に帰納的に気付くことを大切にする。三角形の合同条件を用いて，推論することは中学校での内容となるので，小学校での学習は合同条件を覚えさせたり，形式的に推論したりしないようにする。このような小学校での経験を基にして，中学校での合同条件の学習が行われる。小学校の学習で三角形の合同条件を帰納的に押さえておくことによって，中学校では，作図を通して，3つの合同条件を三角形の決定条件を基にして確認し，公理的に扱うことができる。また，小学校での学習を基にして，合同条件を批判的に検討することも可能になる。例えば，2つの辺の長さとその間の角の大きさが決まれば，形が1つに決まるが，もし，2つの辺と1つの角の大きさ（2つの辺の間の角ではない角の大きさ）が分かっても形が1つに決まるのかというようなことを検討し（図4），合同条件の深い理解へとつなげることもできるようになる。

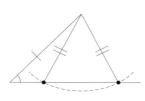

2つの辺の長さと1つの角の大きさが決まっても，三角形が1つに決まらない

図4

3　変化と関係の指導

> **Q** 小学校における関数の指導はどのように行えばよいでしょうか。

(1) 関数の考え

　関数の考えとは，図形や数量についての対応関係や規則性を見いだし，問題解決に利用するときに働く考えである。伴って変化する数量に着目し，その間にある規則性を図，表やグラフなどを基にして見いだす。規則性を見いだすことにより，事象をよりよく理解したり，問題解

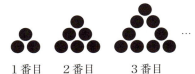

図5

番目	1	2	3	4	5
個数	3	6	9	12	15

図6

決に利用したりできるようになる。例えば，図5のように碁石が並んでいるとき碁石の番目と碁石の個数の関係を表に整理する（図6）。この表から3つずつ増えていることを見つけ，見つけた規則性を図によんだりすることで，増え方の規則性を見いだし，50番目の碁石の個数を求めることができる。このように関数の考えとは，直接求めることが難しいような数量を，それと関係のある数量を見つけ，その数量の間にある規則性を見いだし，その規則性を利用することで求めるような場面で利用できる考えである。関数の考えは変化と関係の領域だけで身に付くものではなく，他の領域の学習の中でも働く考えである。関数の考えを育てるには，意図的に指導することが必要であり，扱う数学的内容や場面は変わるが，小・中・高と継続的に育てていく必要がある。

　規則性を見いだしたり，対応関係の特徴を調べたりするときに，

図，表，グラフ，式などに表現することができるようにすることが大切であるが，特に図や表に表すことについて具体的な場面でそのよさが伝わるように指導することが必要である。中学校や高校の数学の中でも，図や表に表すことが規則性を見いだしたり，対応関係の特徴を調べたりすることに有効に働く場面は多いが，図をかいたり，表をつくったりすることができない生徒もいる。小・中・高を通した一貫した指導を考えたとき，事象を調べる方法についてもそのよさが伝わるような場面で指導し，子供自らが図に表したり，表に整理したりすることができるようにすることが必要である。

(2) 比例・反比例の指導

比例・反比例の指導は小学校5，6年生で行われるとともに，中学1年生でも指導される。そして，比例の指導を基にして，中学2年生の一次関数の指導がされ，それに続き，一次関数と二元一次方程式との関係が扱われる。さらに，これが高校の図形と方程式の内容にもつながっていく。

小学校と中学校での比例や反比例の扱いの大きな違いは，比例定数や変域，グラフが負の数の範囲まで拡張されることと，式により定義がされることにある。式を中心とした考察は中学校での内容となるので，小学校では，表を中心として比例や反比例の変化の様子を調べ，それと式の関係を捉えたり，グラフの関係を捉えたりする。比例定数が正の数の範囲で考えているときには，比例は，一方が増えればもう一方も増える関係，反比例は一方が増えるともう一方が減る関係と捉えることもできるが，比例定数が負の数になるとそうではない。このようなことにも配慮することが必要である。

(3) 割合の指導

割合についての理解は中・高で学習する数学の理解に不可欠であるとともに，他教科の内容の理解にも関わる重要な内容である。中学校での方程式の利用の場面では，速さに関係する問題や濃度に関係する

問題が扱われることがある。また，相対度数や確率についての学習をするときには，割合についての理解が不可欠である。また，高校における確率の学習の理解にも関わってくる内容である。小学校における割合の指導が，式を覚えさせる指導や，式を変形することに重きを置いた指導とならないようにすることが大切である。小学校での指導を通して，割合の意味に基づいて考えることができるようにすることが，中・高の数学を学習する場面や，他教科で割合を利用する場面において重要なこととなる。

4 データの活用の指導

> **Q** 新たに設けられた領域「データの活用」の背景と内容，指導上の留意点とは何ですか。

　今回の学習指導要領改訂に当たって，中央教育審議会答申（平成28年12月）では「社会生活などの様々な場面において，必要なデータを収集して分析し，その傾向を踏まえて課題を解決したり意思決定したりすることが求められており，そのような能力を育成するため，高等学校情報科との関連も図りつつ，小・中・高等学校教育を通じて統計的な内容等の改善について検討していくことが必要である」としている。この答申を受け，「データの活用」領域が設けられることとなった。この領域における学習としては，小学校6年生にドットプロットが入った。これによって連続データでも数値データに目を向けて分布を見ることができるようになり，それに伴って，中央値や最頻値といった代表値は，中学校から移行されて小学校で取り扱われることとなった。代表値の指導をする際には，意味や求め方を指導するとともに，それらを利用して，統計的な問題解決に取り組む場面を設けるようにする。得られた結果について，その妥当性を批判的に考察するこ

とも重要である。

5　数学的活動

> **Q** 算数的活動が数学的活動になったのはなぜですか。数学的活動を通して，数学的に考える資質・能力を育成するとはどのようなことですか。

　今回の改訂に伴い，算数的活動は中・高に合わせて，数学的活動となった。それは，資質・能力を育成するには，学習過程の果たす役割が重要であり，中央教育審議会答申（平成28年12月）では「事象を数理的に捉え，数学の問題を見いだし，問題を自立的，協働的に解決し，解決過程を振り返って概念を形成したり体系化したりする過程」といった，算数・数学の問題発見・解決の過程が重要であるとされたことと関係している。この算数・数学の問題発見・解決の過程は，主として次の2つの過程に分けられる。1つは，日常生活や社会の事象を数理的に捉え，数学的に表現・処理し，問題を解決し，解決過程を振り返り得られた結果の意味を考察する過程，もう1つは，数学の事象について統合的・発展的に捉えて新たな問題を設定し，数学的に処理し，問題を解決し，解決過程を振り返って概念を形成したり体系化したりする過程である。数学的活動とは，このような主に2つの過程に，主体的に取り組み，自立的・協働的に遂行することである。このような数学的活動は，小・中・高における算数・数学のどの場面においても必要な活動である。このようなことから，従来の算数的活動は，数学的活動となり，算数科の目標の中で「数学的活動を通して，数学的に考える資質・能力を育成することを目指す」となった。

　算数科の目標にあるように，数学的に考える資質・能力を育成するには，数学的活動を通すということであり，それは，各学年の内容の

頭に,「〜の数学的活動を通して,次の事項を身に付けることができるよう指導する」というように記述されたことに表れている。活動すればよいということではないので,授業の中では,どのような活動を通して,どのように考え,何を身に付けることを意図しているのかを明確にすることが大切である。このような授業を行っていくことによって,数学的活動を通して,数学的に考える資質・能力が育成されるし,子供たちが自立的・協働的に数学的活動に取り組むことができるようになる。

中学校1年生における数学的活動は次のように学習指導要領に示されている。

> 「A数と式」,「B図形」,「C関数」及び「Dデータの活用」の学習やそれらを相互に関連付けた学習において,次のような数学的活動に取り組むものとする。
> 　ア　日常の事象を数理的に捉え,数学的に表現・処理し,問題を解決したり,解決の過程や結果を振り返って考察したりする活動
> 　イ　数学の事象から問題を見いだし解決したり,解決の過程や結果を振り返って統合的・発展的に考察したりする活動
> 　ウ　数学的な表現を用いて筋道立てて説明し伝え合う活動

高学年においては,中学校との接続を意識し,数学的活動の趣旨が一貫したものとなるように配慮することが必要である。

第3節 学習指導要領を反映した算数の授業研究の在り方

1 教師に求められる資質能力を高める一環としての授業研究

Q なぜ，授業研究が必要なのですか。

　中央教育審議会答申「これからの学校教育を担う教員の資質能力の向上について〜学び合い，高め合う教員育成コミュニティの構築に向けて〜」（平成27年12月21日）においては，我が国が将来に向けてさらに発展し，繁栄を維持していくための人材育成に向けて，その中核を担う教師の資質の向上が求められている。教師に求められる資質能力は多岐にわたるが，授業力の向上は欠かすことができない。このことに関連して，筆者は，教師に求められる資質を次の図のように捉え，学習指導の力（授業力）を教師力の重要な要素として捉えている。

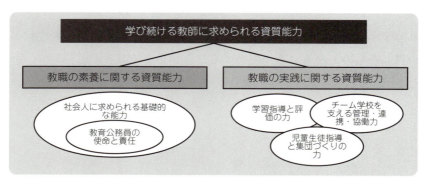

図1 「学び続ける教師に求められる資質能力」

この授業力の向上に係り，校内外で展開される授業研究会は大きな役割を担っている。授業研究会を通じて，指導技術のみならず，教材研究の在り方や指導計画の作成等，学習指導に係る多くの視点や，不断に授業を見つめ直すきっかけを見いだすことができる。また，授業づくりを通して，多くの教師が議論を重ね，指導技術等の在り方を検討する場は，学校における人材育成の場そのものであるとも言える。

　そこで，学習指導要領を反映した，求められる算数科の授業研究の在り方を検討するに当たっては，これまで以上に教師の資質能力の向上を念頭に置いて進めていくことが大切になる。

2　授業研究の「どこ」が検討課題なのか

Q 授業研究における検討課題と授業改善のポイントを教えてください。

　授業研究は，我が国における伝統的な教師文化であり，校種を問わず多くの学校や研究団体等で脈々と推進されていることは周知の事実である。しかしながら，校内研究の形骸化が加速してしまっていると考えられる，次のような実態と出会うことがある。

○　単元の選定や学習指導案の作成が，授業者に任されてしまい，学校課題や研究主題との関連が不明確な研究授業が展開されている。
○　授業研究会の回数そのものは多いが，日常の授業の改善・充実につながらない。
○　授業後の協議会では，意見がなかなか出ず，深まらない。

　これらの声は，授業研究がうまく機能していない実態であり，従来

の授業研究の「どこ」を改善していくのかを明確にしない限りは，解消しない。そこで，現在の授業研究をリフレクションし，授業研究の在り方を検討していくこととする。

(1) 授業課題は明確になっているか

　学校の授業研究では，授業者や授業単元は，担当学年に委ねられている場合が多いのではないだろうか。これからの授業研究に係る単元や内容の選定に関しては，従来より増して算数科の指導上の課題や自校の学校課題を意識する必要がある。

　このことに関連して，多くの授業研究会において，なぜこの単元や指導場面を選定したのですかと授業者に尋ねると，次のような返答が多く，指導上の課題や学校課題との関連が弱いと感じることがある。

○　指導計画では，この月に指導するのが本単元だからです。
○　この場面だったら，子供の意見がたくさん出て，意欲的な授業になると思ったからです。

　授業研究の在り方を検討するに当たっては，まず，上記の事項が課題であることを捉え，授業研究の目的を再考する必要性がある。つまり，算数科の指導の「どこ」に課題があるのか，児童の理解や定着に課題があるのは「どこ」の単元や内容であるのか，といった視点に基づくことで，授業研究は真に不断の授業改善につながる原動力としての価値を高めることになる。このことに関連して，学習指導要領解説算数編（以下，「解説」という）では，例えば，次のように指導上の課題を明確に示している。

　なお，割合については全国学力・学習状況調査（平成24年度全国学力・学習状況調査報告書266ページ）などで課題が示されて

> おり，指導に当たっては，言葉と図や式を関連付けるような活動
> を取り入れることが大切である。　　　　　　　（解説p.265）

　授業研究の単元や内容が，いわゆる研究授業向けの単元や内容といった観点ではなく，指導上の課題や各種調査から明らかになった課題や学校の学力向上に係る課題等の観点から選定されることで，授業研究が真に自校の授業の課題解決の場として機能することになる。

(2) 指導（改善）の方途は明確になっているか

　授業改善のキーワードとして，学習指導要領では「主体的な学び」「対話的な学び」「深い学び」の視点が求められている。このことに関連して，解説では，「指導計画作成上の配慮事項」において，次のように示している。

> 　主体的・対話的で深い学びは，必ずしも1単位時間の授業の中で全てが実現されるものではない。単元など内容や時間のまとまりの中で，例えば，主体的に学習に取り組めるよう学習の見通しを立てたり学習したことを振り返ったりして自身の学びや変容を自覚できる場面をどこに設定するか，対話によって自分の考えなどを広げたり深めたりする場面をどこに設定するか，学びの深まりをつくりだすために，児童が考える場面と教師が教える場面をどのように組み立てるか，といった視点で授業改善を進めることが求められる。　　　　　　　　　　　　　　　（解説p.318）

　解説にも示されたとおり，1単位時間の中で全てを実現することを優先するのではなく，算数科の授業において，児童の「主体的・対話的で深い学び」を実現するための指導（改善）の方途を明確にすることが大切である。指導（改善）の方途が不明確なままでは，表面上は

主体的であっても，算数のねらいに迫ることができない。このことに関連して筆者は，前回の改訂において示された「言語活動の充実」についての取組を振り返ることが必要になると考えている。ペアやグループで話し合う場は位置付けられたが，何を話し合うのかについて明確でない授業になってはいなかったか。ねらいの達成のための活動として言語活動は実現していたのか。このような視点を基に，今回のキーワードを具体化する必要がある。そのため，授業改善のキーワードだけでなく，キーワードを実現する方途について，授業研究を通じて明確にしていくことが，日常の授業の改善にもつながることになる。特に，今回の改訂で新たに示された数学的活動をどのように構想し，授業として具体化していくかについて検討することは，これからの授業づくりの在り方へとつながる上で重要である。

(3) 授業のねらいや意図の共有化が図られているか

研究授業後の協議会において，議論がなかなか盛り上がらなかったり，授業仮説と結び付かない議論に終始してしまったりすることを課題と捉えている学校が多いのではないだろうか。筆者は，授業後の協議会に参加する機会を多く頂戴しているが，実際の協議会では，学習指導案に記載されている事項についての確認に協議会全体の4分の1程度の時間を費やしている場合は珍しくはない。このことは，学習指導案の内容についての共有化が図られないままで授業を参観していることであり，結果として協議会における議論が拡散し，活性化しないのも致し方ないと言える。そこで，授業研究会を活性化するための方途の1つとして，特に学校における授業研究会では，授業前の研究会を充実することが考えられる。業務の多忙化が問題視されている現状では，「事前に学習指導案を見ておいてください」では，参加者全員の共有化を図ることは難しい。それよりも，学習指導案を検討する段階から，教師が協働で取り組むことで，先に述べた課題や指導改善の方途の明確化へとつながる。

つまり，授業研究を従来の「研究授業＋授業後の協議会」を1セットとしたものから，「授業の事前検討会＋研究授業＋授業後の協議会」を1セットとして設定し，年間の授業研究計画等を作成することで，授業のねらいや意図が共有化された上での授業研究会を展開できる。このことは，授業研究そのものの活性化だけでなく，多くの教師の協働からの資質能力の向上に直結すると考えられる。

3　今後の算数の授業研究の在り方の具体例

Q これからの算数科における授業研究の在り方について具体的に示してください。

ここでは，今後の算数の授業研究の充実の方途として，事前の検討の段階の充実と授業研究の連動化の2つの面から具体的に検討する。

(1) 事前の検討の段階の充実

学習指導要領を反映した授業計画（学習指導案）の作成・検討において，留意すべき事項には，次の①から③等が考えられる。

①　指導上の課題や学校課題の明確化

先にも述べたが，指導上の課題や学校課題を明確にすることで，授

写真1　学力調査結果分析研修会の様子

業研究の価値が決まるといっても過言ではない。そのため，例えば，校内の授業研究であれば，学力向上に係る研修会と連動して，自校の学力課題を見いだす等，授業の課題を明確にすることが考えられる。

前頁の写真1は，学校における学力調査結果の分析研修会の様子である。この学校においては，学力調査結果を正答率で捉えることだけでなく，写真のように，国語や算数のどのような内容や問題に，児童の理解や定着の課題があるのかをリスト化し，今後，指導を充実する必要がある指導事項を明確にしている。

このように分析した結果に基づくと，各学年で系統的に指導を充実すべき事項が明確になる。また，授業単元や内容を決定する際の根拠として，選定に必然が生まれてくる。さらには，課題について，参加者全員が共有化することができ，授業研究のねらいを明確にすることができる。

② **本時のねらい（目標）の具体化**

授業後の協議会が活性化しないことの理由の1つに，本時のねらい（目標）の捉えが，参加者によって（レベルが）異なることが挙げられる。表面的な児童の学習状況だけでなく，本時のねらい（目標）を達成したかどうかを授業後の協議会で深く吟味・検討し，授業改善につなげるためには，本時のねらい（目標）そのものの共有化は欠かすことができない。そのため，本時のねらい（目標）を事前の検討の段階で具体化することが大切である。算数の学習指導案の本時のねらい（目標）においては，例えば「○○について理解することができる」「□□を考え説明することができる」等の文末表現が多く登場する。この「理解することができる」「説明することができる」とは，本時の内容に基づくとどのような状態なのかを具体化することが，これからの授業研究では特に求められる。本時のねらい（目標）の具体化は，数学的活動等，授業における児童の活動の具体化に直結するので授業づくりの方途を参加者全体で確立する上でも重要になると言える。

また，今回の学習指導要領では，内容のアに知識及び技能が，イには思考力，判断力，表現力等が明記されている。この2つの内容につ

いて授業場面に即して具体化することが，これからの算数の授業づくりにおいては大切になる。特にイの思考力，判断力，表現力等の明確化は，喫緊の課題であり，授業研究を通じての具体化が求められる。

③ 数学的な見方・考え方を働かせることの重視

今回の改訂において，各教科の授業では，教科固有の見方・考え方を働かせることを明確に示している。このことに関連して学習指導要領では，「指導計画作成上の配慮事項」において，次のように示している。

> 単元など内容や時間のまとまりを見通して，その中で育む資質・能力の育成に向けて，数学的活動を通して，児童の主体的・対話的で深い学びの実現を図るようにすること。その際，数学的な見方・考え方を働かせながら，日常の事象を数理的に捉え，算数の問題を見いだし，問題を自立的，協働的に解決し，学習の過程を振り返り，概念を形成するなどの学習の充実を図ること。

算数の問題解決の過程においては，数学的な見方・考え方を働かせることを重視している。算数科の目標に示された数学的な見方・考え方を働かせることは，日常の授業において不断に求められる。そのため，授業研究において，児童に働かせる数学的な見方・考え方とは何かについて，好事例を積み上げることから，学習指導要領の趣旨を活かした算数の授業の日常化につなげることが大切になる。

(2) 授業研究の連動化

研究授業の実践に係るプロセスが個人任せになってしまうことで，授業研究の成果と課題が個人の授業づくりの成果と課題になってしまうことは，これまでも多くあったのではないだろうか。また，授業研究が単発で終わってしまい，連続性・継続性が生まれないことも，多くの学校で経験していることではないだろうか。特に，小学校の授業

研究では，研究主題と研究仮説は明確になっているものの，研究仮説に挙げられている複数の授業づくりの着眼点を全て網羅しようとするあまり，1回1回の授業研究の成果が曖昧なものになり，全体に還元しにくいことがあると考えられる。

そこで，例えば，1回目の授業研究では，研究仮説を絞り込んで授業を展開し，絞り込んだ事項についての協議会を開催することで，成果と課題を明確にする。そして，残された課題を2回目以降の授業研究で明らかにする等，授業研究の連動化を意図した運営が大切になると考える。

このような授業研究の展開は，授業の改善・充実に係るPDCAサイクルそのものであり，このことから，授業研究が日常の算数の授業の質の向上に直結することになる。

【引用・参考文献】
○中央教育審議会「これからの学校教育を担う教員の資質能力の向上について～学び合い，高め合う教員育成コミュニティの構築に向けて～（答申）」2015年12月，p.2
○福岡教育大学教育総合研究所「校長及び教員としての資質の向上に関する指標策定ガイドブック」2017年，p.6
○文部科学省「小学校学習指導要領解説算数編」2017年6月，p.265，p.317，p.318

小学校学習指導要領
平成29年3月
〔抜粋〕

第2章　各教科
第3節　算　数
第1　目　標

数学的な見方・考え方を働かせ，数学的活動を通して，数学的に考える資質・能力を次のとおり育成することを目指す。

(1) 数量や図形などについての基礎的・基本的な概念や性質などを理解するとともに，日常の事象を数理的に処理する技能を身に付けるようにする。

(2) 日常の事象を数理的に捉え見通しをもち筋道を立てて考察する力，基礎的・基本的な数量や図形の性質などを見いだし統合的・発展的に考察する力，数学的な表現を用いて事象を簡潔・明瞭・的確に表したり目的に応じて柔軟に表したりする力を養う。

(3) 数学的活動の楽しさや数学のよさに気付き，学習を振り返ってよりよく問題解決しようとする態度，算数で学んだことを生活や学習に活用しようとする態度を養う。

第2　各学年の目標及び内容

〔第1学年〕

1　目　標

(1) 数の概念とその表し方及び計算の意味を理解し，量，図形及び数量の関係についての理解の基礎となる経験を重ね，数量や図形についての感覚を豊かにするとともに，加法及び減法の計算をしたり，形を構成したり，身の回りにある量の大きさを比べたり，簡単な絵や図などに表したりすることなどについての技能を身に付けるようにする。

(2) ものの数に着目し，具体物や図などを用いて数の数え方や計算の仕方を考える力，ものの形に着目して特徴を捉えたり，具体的な操作を通して形の構成について考えたりする力，身の回りにあるものの特徴を量に着目して捉え，量の大きさの比べ方を考える力，データの個数に着目して身の回りの事象の特徴を捉える力などを養う。

(3) 数量や図形に親しみ，算数で学んだことのよさや楽しさを感じながら学ぶ態度を養う。

2　内　容

A　数と計算

(1) 数の構成と表し方に関わる数学的活動を通して，次の事項を身に付けることができるよう指導する。

ア　次のような知識及び技能を身に付けること。

(ｱ)　ものとものとを対応させ

資　料

　　　ることによって，ものの個
　　　数を比べること。
　　(イ)　個数や順番を正しく数え
　　　たり表したりすること。
　　(ウ)　数の大小や順序を考える
　　　ことによって，数の系列を
　　　作ったり，数直線の上に表
　　　したりすること。
　　(エ)　一つの数をほかの数の和
　　　や差としてみるなど，ほか
　　　の数と関係付けてみるこ
　　　と。
　　(オ)　２位数の表し方について
　　　理解すること。
　　(カ)　簡単な場合について，３
　　　位数の表し方を知ること。
　　(キ)　数を，十を単位としてみ
　　　ること。
　　(ク)　具体物をまとめて数えた
　　　り等分したりして整理し，
　　　表すこと。
　　イ　次のような思考力，判断
　　　力，表現力等を身に付けるこ
　　　と。
　　(ア)　数のまとまりに着目し，
　　　数の大きさの比べ方や数え
　　　方を考え，それらを日常生
　　　活に生かすこと。
(2)　加法及び減法に関わる数学的
　活動を通して，次の事項を身に
　付けることができるよう指導す
　る。
　　ア　次のような知識及び技能を
　　　身に付けること。
　　(ア)　加法及び減法の意味につ
　　　いて理解し，それらが用い

　　　られる場合について知るこ
　　　と。
　　(イ)　加法及び減法が用いられ
　　　る場面を式に表したり，式
　　　を読み取ったりすること。
　　(ウ)　１位数と１位数との加法
　　　及びその逆の減法の計算が
　　　確実にできること。
　　(エ)　簡単な場合について，２
　　　位数などについても加法及
　　　び減法ができることを知る
　　　こと。
　　イ　次のような思考力，判断
　　　力，表現力等を身に付けるこ
　　　と。
　　(ア)　数量の関係に着目し，計
　　　算の意味や計算の仕方を考
　　　えたり，日常生活に生かし
　　　たりすること。
Ｂ　図　　形
(1)　身の回りにあるものの形に関
　わる数学的活動を通して，次の
　事項を身に付けることができる
　よう指導する。
　　ア　次のような知識及び技能を
　　　身に付けること。
　　(ア)　ものの形を認め，形の特
　　　徴を知ること。
　　(イ)　具体物を用いて形を作っ
　　　たり分解したりすること。
　　(ウ)　前後，左右，上下など方
　　　向や位置についての言葉を
　　　用いて，ものの位置を表す
　　　こと。
　　イ　次のような思考力，判断
　　　力，表現力等を身に付けるこ

小学校学習指導要領〔抜粋〕

と。
(ｱ) ものの形に着目し，身の回りにあるものの特徴を捉えたり，具体的な操作を通して形の構成について考えたりすること。

C 測定
(1) 身の回りのものの大きさに関わる数学的活動を通して，次の事項を身に付けることができるよう指導する。
　ア　次のような知識及び技能を身に付けること。
　　(ｱ) 長さ，広さ，かさなどの量を，具体的な操作によって直接比べたり，他のものを用いて比べたりすること。
　　(ｲ) 身の回りにあるものの大きさを単位として，その幾つ分かで大きさを比べること。
　イ　次のような思考力，判断力，表現力等を身に付けること。
　　(ｱ) 身の回りのものの特徴に着目し，量の大きさの比べ方を見いだすこと。
(2) 時刻に関わる数学的活動を通して，次の事項を身に付けることができるよう指導する。
　ア　次のような知識及び技能を身に付けること。
　　(ｱ) 日常生活の中で時刻を読むこと。
　イ　次のような思考力，判断力，表現力等を身に付けること。
　　(ｱ) 時刻の読み方を用いて，時刻と日常生活を関連付けること。

D　データの活用
(1) 数量の整理に関わる数学的活動を通して，次の事項を身に付けることができるよう指導する。
　ア　次のような知識及び技能を身に付けること。
　　(ｱ) ものの個数について，簡単な絵や図などに表したり，それらを読み取ったりすること。
　イ　次のような思考力，判断力，表現力等を身に付けること。
　　(ｱ) データの個数に着目し，身の回りの事象の特徴を捉えること。

〔数学的活動〕
(1) 内容の「A数と計算」，「B図形」，「C測定」及び「Dデータの活用」に示す学習については，次のような数学的活動に取り組むものとする。
　ア　身の回りの事象を観察したり，具体物を操作したりして，数量や形を見いだす活動
　イ　日常生活の問題を具体物などを用いて解決したり結果を確かめたりする活動
　ウ　算数の問題を具体物などを用いて解決したり結果を確か

めたりする活動
エ　問題解決の過程や結果を，具体物や図などを用いて表現する活動

〔用語・記号〕
　　一の位　十の位　＋　－　＝

〔第２学年〕
1　目　標
(1)　数の概念についての理解を深め，計算の意味と性質，基本的な図形の概念，量の概念，簡単な表とグラフなどについて理解し，数量や図形についての感覚を豊かにするとともに，加法，減法及び乗法の計算をしたり，図形を構成したり，長さやかさなどを測定したり，表やグラフに表したりすることなどについての技能を身に付けるようにする。

(2)　数とその表現や数量の関係に着目し，必要に応じて具体物や図などを用いて数の表し方や計算の仕方などを考察する力，平面図形の特徴を図形を構成する要素に着目して捉えたり，身の回りの事象を図形の性質から考察したりする力，身の回りにあるものの特徴を量に着目して捉え，量の単位を用いて的確に表現する力，身の回りの事象をデータの特徴に着目して捉え，簡潔に表現したり考察したりする力などを養う。

(3)　数量や図形に進んで関わり，数学的に表現・処理したことを振り返り，数理的な処理のよさに気付き生活や学習に活用しようとする態度を養う。

2　内　容
A　数と計算
(1)　数の構成と表し方に関わる数学的活動を通して，次の事項を身に付けることができるよう指導する。

　ア　次のような知識及び技能を身に付けること。
　　(ｱ)　同じ大きさの集まりにまとめて数えたり，分類して数えたりすること。
　　(ｲ)　４位数までについて，十進位取り記数法による数の表し方及び数の大小や順序について理解すること。
　　(ｳ)　数を十や百を単位としてみるなど，数の相対的な大きさについて理解すること。
　　(ｴ)　一つの数をほかの数の積としてみるなど，ほかの数と関係付けてみること。
　　(ｵ)　簡単な事柄を分類整理し，それを数を用いて表すこと。
　　(ｶ)　$\frac{1}{2}$，$\frac{1}{3}$など簡単な分数について知ること。

　イ　次のような思考力，判断力，表現力等を身に付けること。
　　(ｱ)　数のまとまりに着目し，大きな数の大きさの比べ方

や数え方を考え,日常生活に生かすこと。
(2) 加法及び減法に関わる数学的活動を通して,次の事項を身に付けることができるよう指導する。
　ア　次のような知識及び技能を身に付けること。
　　(ｱ) 2位数の加法及びその逆の減法の計算が,1位数などについての基本的な計算を基にしてできることを理解し,それらの計算が確実にできること。また,それらの筆算の仕方について理解すること。
　　(ｲ) 簡単な場合について,3位数などの加法及び減法の計算の仕方を知ること。
　　(ｳ) 加法及び減法に関して成り立つ性質について理解すること。
　　(ｴ) 加法と減法との相互関係について理解すること。
　イ　次のような思考力,判断力,表現力等を身に付けること。
　　(ｱ) 数量の関係に着目し,計算の仕方を考えたり計算に関して成り立つ性質を見いだしたりするとともに,その性質を活用して,計算を工夫したり計算の確かめをしたりすること。
(3) 乗法に関わる数学的活動を通して,次の事項を身に付けることができるよう指導する。
　ア　次のような知識及び技能を身に付けること。
　　(ｱ) 乗法の意味について理解し,それが用いられる場合について知ること。
　　(ｲ) 乗法が用いられる場面を式に表したり,式を読み取ったりすること。
　　(ｳ) 乗法に関して成り立つ簡単な性質について理解すること。
　　(ｴ) 乗法九九について知り,1位数と1位数との乗法の計算が確実にできること。
　　(ｵ) 簡単な場合について,2位数と1位数との乗法の計算の仕方を知ること。
　イ　次のような思考力,判断力,表現力等を身に付けること。
　　(ｱ) 数量の関係に着目し,計算の意味や計算の仕方を考えたり計算に関して成り立つ性質を見いだしたりするとともに,その性質を活用して,計算を工夫したり計算の確かめをしたりすること。
　　(ｲ) 数量の関係に着目し,計算を日常生活に生かすこと。
B　図　形
(1) 図形に関わる数学的活動を通して,次の事項を身に付けることができるよう指導する。

ア 次のような知識及び技能を身に付けること。
　(ア) 三角形，四角形について知ること。
　(イ) 正方形，長方形，直角三角形について知ること。
　(ウ) 正方形や長方形の面で構成される箱の形をしたものについて理解し，それらを構成したり分解したりすること。
イ 次のような思考力，判断力，表現力等を身に付けること。
　(ア) 図形を構成する要素に着目し，構成の仕方を考えるとともに，身の回りのものの形を図形として捉えること。

C　測　定
(1) 量の単位と測定に関わる数学的活動を通して，次の事項を身に付けることができるよう指導する。
ア 次のような知識及び技能を身に付けること。
　(ア) 長さの単位（ミリメートル（mm），センチメートル（cm），メートル（m））及びかさの単位（ミリリットル（mL），デシリットル（dL），リットル（L））について知り，測定の意味を理解すること。
　(イ) 長さ及びかさについて，およその見当を付け，単位を適切に選択して測定すること。
イ 次のような思考力，判断力，表現力等を身に付けること。
　(ア) 身の回りのものの特徴に着目し，目的に応じた単位で量の大きさを的確に表現したり，比べたりすること。
(2) 時刻と時間に関わる数学的活動を通して，次の事項を身に付けることができるよう指導する。
ア 次のような知識及び技能を身に付けること。
　(ア) 日，時，分について知り，それらの関係を理解すること。
イ 次のような思考力，判断力，表現力等を身に付けること。
　(ア) 時間の単位に着目し，時刻や時間を日常生活に生かすこと。

D　データの活用
(1) データの分析に関わる数学的活動を通して，次の事項を身に付けることができるよう指導する。
ア 次のような知識及び技能を身に付けること。
　(ア) 身の回りにある数量を分類整理し，簡単な表やグラフを用いて表したり読み取ったりすること。

イ 次のような思考力，判断力，表現力等を身に付けること。
　㈦ データを整理する観点に着目し，身の回りの事象について表やグラフを用いて考察すること。
〔数学的活動〕
(1) 内容の「A数と計算」，「B図形」，「C測定」及び「Dデータの活用」に示す学習については，次のような数学的活動に取り組むものとする。
　ア 身の回りの事象を観察したり，具体物を操作したりして，数量や図形に進んで関わる活動
　イ 日常の事象から見いだした算数の問題を，具体物，図，数，式などを用いて解決し，結果を確かめる活動
　ウ 算数の学習場面から見いだした算数の問題を，具体物，図，数，式などを用いて解決し，結果を確かめる活動
　エ 問題解決の過程や結果を，具体物，図，数，式などを用いて表現し伝え合う活動
〔用語・記号〕
　　直線　直角　頂点　辺　面
　　単位　×　＞　＜

3　内容の取扱い
(1) 内容の「A数と計算」の(1)については，1万についても取り扱うものとする。
(2) 内容の「A数と計算」の(2)については，必要な場合には，（　）や□などを用いることができる。また，計算の結果の見積りについて配慮するものとする。
(3) 内容の「A数と計算」の(2)のアの㈦については，交換法則や結合法則を取り扱うものとする。
(4) 内容の「A数と計算」の(3)のアの㈦については，主に乗数が1ずつ増えるときの積の増え方や交換法則を取り扱うものとする。
(5) 内容の「B図形」の(1)のアの㈣に関連して，正方形，長方形が身の回りで多く使われていることが分かるようにするとともに，敷き詰めるなどの操作的な活動を通して，平面の広がりについての基礎となる経験を豊かにするよう配慮するものとする。

〔第3学年〕
1　目　標
(1) 数の表し方，整数の計算の意味と性質，小数及び分数の意味と表し方，基本的な図形の概念，量の概念，棒グラフなどについて理解し，数量や図形についての感覚を豊かにするとともに，整数などの計算をしたり，図形を構成したり，長さや重さなどを測定したり，表やグラフに表したりすることなどについ

資　料

ての技能を身に付けるようにする。
(2) 数とその表現や数量の関係に着目し，必要に応じて具体物や図などを用いて数の表し方や計算の仕方などを考察する力，平面図形の特徴を図形を構成する要素に着目して捉えたり，身の回りの事象を図形の性質から考察したりする力，身の回りにあるものの特徴を量に着目して捉え，量の単位を用いて的確に表現する力，身の回りの事象をデータの特徴に着目して捉え，簡潔に表現したり適切に判断したりする力などを養う。
(3) 数量や図形に進んで関わり，数学的に表現・処理したことを振り返り，数理的な処理のよさに気付き生活や学習に活用しようとする態度を養う。

2　内　容
A　数と計算
(1) 整数の表し方に関わる数学的活動を通して，次の事項を身に付けることができるよう指導する。
　ア　次のような知識及び技能を身に付けること。
　　(ア)　万の単位について知ること。
　　(イ)　10倍，100倍，1000倍，の大きさの数及びそれらの表し方について知ること。
　　(ウ)　数の相対的な大きさについての理解を深めること。
　イ　次のような思考力，判断力，表現力等を身に付けること。
　　(ア)　数のまとまりに着目し，大きな数の大きさの比べ方や表し方を考え，日常生活に生かすこと。
(2) 加法及び減法に関わる数学的活動を通して，次の事項を身に付けることができるよう指導する。
　ア　次のような知識及び技能を身に付けること。
　　(ア)　3位数や4位数の加法及び減法の計算が，2位数などについての基本的な計算を基にしてできることを理解すること。また，それらの筆算の仕方について理解すること。
　　(イ)　加法及び減法の計算が確実にでき，それらを適切に用いること。
　イ　次のような思考力，判断力，表現力等を身に付けること。
　　(ア)　数量の関係に着目し，計算の仕方を考えたり計算に関して成り立つ性質を見いだしたりするとともに，その性質を活用して，計算を工夫したり計算の確かめをしたりすること。
(3) 乗法に関わる数学的活動を通して，次の事項を身に付けることができるよう指導する。

ア　次のような知識及び技能を身に付けること。
　　㋐　2位数や3位数に1位数や2位数をかける乗法の計算が，乗法九九などの基本的な計算を基にしてできることを理解すること。また，その筆算の仕方について理解すること。
　　㋑　乗法の計算が確実にでき，それを適切に用いること。
　　㋒　乗法に関して成り立つ性質について理解すること。
　イ　次のような思考力，判断力，表現力等を身に付けること。
　　㋐　数量の関係に着目し，計算の仕方を考えたり計算に関して成り立つ性質を見いだしたりするとともに，その性質を活用して，計算を工夫したり計算の確かめをしたりすること。
(4)　除法に関わる数学的活動を通して，次の事項を身に付けることができるよう指導する。
　ア　次のような知識及び技能を身に付けること。
　　㋐　除法の意味について理解し，それが用いられる場合について知ること。また，余りについて知ること。
　　㋑　除法が用いられる場面を式に表したり，式を読み取ったりすること。
　　㋒　除法と乗法や減法との関係について理解すること。
　　㋓　除数と商が共に1位数である除法の計算が確実にできること。
　　㋔　簡単な場合について，除数が1位数で商が2位数の除法の計算の仕方を知ること。
　イ　次のような思考力，判断力，表現力等を身に付けること。
　　㋐　数量の関係に着目し，計算の意味や計算の仕方を考えたり，計算に関して成り立つ性質を見いだしたりするとともに，その性質を活用して，計算を工夫したり計算の確かめをしたりすること。
　　㋑　数量の関係に着目し，計算を日常生活に生かすこと。
(5)　小数とその表し方に関わる数学的活動を通して，次の事項を身に付けることができるよう指導する。
　ア　次のような知識及び技能を身に付けること。
　　㋐　端数部分の大きさを表すのに小数を用いることを知ること。また，小数の表し方及び$\frac{1}{10}$の位について知ること。
　　㋑　$\frac{1}{10}$の位までの小数の加法及び減法の意味について

理解し，それらの計算ができることを知ること。
　イ　次のような思考力，判断力，表現力等を身に付けること。
　　(ｱ)　数のまとまりに着目し，小数でも数の大きさを比べたり計算したりできるかどうかを考えるとともに，小数を日常生活に生かすこと。
(6)　分数とその表し方に関わる数学的活動を通して，次の事項を身に付けることができるよう指導する。
　ア　次のような知識及び技能を身に付けること。
　　(ｱ)　等分してできる部分の大きさや端数部分の大きさを表すのに分数を用いることを知ること。また，分数の表し方について知ること。
　　(ｲ)　分数が単位分数の幾つ分かで表すことができることを知ること。
　　(ｳ)　簡単な場合について，分数の加法及び減法の意味について理解し，それらの計算ができることを知ること。
　イ　次のような思考力，判断力，表現力等を身に付けること。
　　(ｱ)　数のまとまりに着目し，分数でも数の大きさを比べたり計算したりできるかどうかを考えるとともに，分数を日常生活に生かすこと。
(7)　数量の関係を表す式に関わる数学的活動を通して，次の事項を身に付けることができるよう指導する。
　ア　次のような知識及び技能を身に付けること。
　　(ｱ)　数量の関係を表す式について理解するとともに，数量を□などを用いて表し，その関係を式に表したり，□などに数を当てはめて調べたりすること。
　イ　次のような思考力，判断力，表現力等を身に付けること。
　　(ｱ)　数量の関係に着目し，数量の関係を図や式を用いて簡潔に表したり，式と図を関連付けて式を読んだりすること。
(8)　そろばんを用いた数の表し方と計算に関わる数学的活動を通して，次の事項を身に付けることができるよう指導する。
　ア　次のような知識及び技能を身に付けること。
　　(ｱ)　そろばんによる数の表し方について知ること。
　　(ｲ)　簡単な加法及び減法の計算の仕方について知り，計算すること。
　イ　次のような思考力，判断力，表現力等を身に付けるこ

　　　　と。
　　　(ｱ)　そろばんの仕組みに着目
　　　　し，大きな数や小数の計算
　　　　の仕方を考えること。
B　図　形
(1)　図形に関わる数学的活動を通
　して，次の事項を身に付けるこ
　とができるよう指導する。
　　ア　次のような知識及び技能を
　　　身に付けること。
　　　(ｱ)　二等辺三角形，正三角形
　　　　などについて知り，作図な
　　　　どを通してそれらの関係に
　　　　次第に着目すること。
　　　(ｲ)　基本的な図形と関連して
　　　　角について知ること。
　　　(ｳ)　円について，中心，半
　　　　径，直径を知ること。ま
　　　　た，円に関連して，球につ
　　　　いても直径などを知るこ
　　　　と。
　　イ　次のような思考力，判断
　　　力，表現力等を身に付けるこ
　　　と。
　　　(ｱ)　図形を構成する要素に着
　　　　目し，構成の仕方を考える
　　　　とともに，図形の性質を見
　　　　いだし，身の回りのものの
　　　　形を図形として捉えるこ
　　　　と。
C　測　定
(1)　量の単位と測定に関わる数学
　的活動を通して，次の事項を身
　に付けることができるよう指導
　する。
　　ア　次のような知識及び技能を

　　　身に付けること。
　　　(ｱ)　長さの単位（キロメート
　　　　ル（km））及び重さの単位
　　　　（グラム（g），キログラム
　　　　（kg））について知り，測
　　　　定の意味を理解すること。
　　　(ｲ)　長さや重さについて，適
　　　　切な単位で表したり，およ
　　　　その見当を付け計器を適切
　　　　に選んで測定したりするこ
　　　　と。
　　イ　次のような思考力，判断
　　　力，表現力等を身に付けるこ
　　　と。
　　　(ｱ)　身の回りのものの特徴に
　　　　着目し，単位の関係を統合
　　　　的に考察すること。
(2)　時刻と時間に関わる数学的活
　動を通して，次の事項を身に付
　けることができるよう指導す
　る。
　　ア　次のような知識及び技能を
　　　身に付けること。
　　　(ｱ)　秒について知ること。
　　　(ｲ)　日常生活に必要な時刻や
　　　　時間を求めること。
　　イ　次のような思考力，判断
　　　力，表現力等を身に付けるこ
　　　と。
　　　(ｱ)　時間の単位に着目し，時
　　　　刻や時間の求め方について
　　　　考察し，日常生活に生かす
　　　　こと。
D　データの活用
(1)　データの分析に関わる数学的
　活動を通して，次の事項を身に

付けることができるよう指導する。
ア 次のような知識及び技能を身に付けること。
(ア) 日時の観点や場所の観点などからデータを分類整理し，表に表したり読んだりすること。
(イ) 棒グラフの特徴やその用い方を理解すること。
イ 次のような思考力，判断力，表現力等を身に付けること。
(ア) データを整理する観点に着目し，身の回りの事象について表やグラフを用いて考察して，見いだしたことを表現すること。

〔数学的活動〕
(1) 内容の「A数と計算」，「B図形」，「C測定」及び「Dデータの活用」に示す学習については，次のような数学的活動に取り組むものとする。
ア 身の回りの事象を観察したり，具体物を操作したりして，数量や図形に進んで関わる活動
イ 日常の事象から見いだした算数の問題を，具体物，図，数，式などを用いて解決し，結果を確かめる活動
ウ 算数の学習場面から見いだした算数の問題を，具体物，図，数，式などを用いて解決し，結果を確かめる活動
エ 問題解決の過程や結果を，具体物，図，数，式などを用いて表現し伝え合う活動

〔用語・記号〕
等号　不等号　小数点　$\frac{1}{10}$の位
数直線　分母　分子　÷

3　内容の取扱い

(1) 内容の「A数と計算」の(1)については，1億についても取り扱うものとする。
(2) 内容の「A数と計算」の(2)及び(3)については，簡単な計算は暗算でできるよう配慮するものとする。また，計算の結果の見積りについても触れるものとする。
(3) 内容の「A数と計算」の(3)については，乗数又は被乗数が0の場合の計算についても取り扱うものとする。
(4) 内容の「A数と計算」の(3)のアの(ウ)については，交換法則，結合法則，分配法則を取り扱うものとする。
(5) 内容の「A数と計算」の(5)及び(6)については，小数の0.1と分数のなどを数直線を用いて関連付けて取り扱うものとする。
(6) 内容の「B図形」の(1)の基本的な図形については，定規，コンパスなどを用いて，図形をかいたり確かめたりする活動を重視するとともに，三角形や円などを基にして模様をかくなどの具体的な活動を通して，図形のもつ美しさに関心をもたせるよ

う配慮するものとする。
(7) 内容の「C測定」の(1)については，重さの単位のトン(t)について触れるとともに，接頭語（キロ(k)やミリ(m)）についても触れるものとする。
(8) 内容の「Dデータの活用」の(1)のアの(イ)については，最小目盛りが２，５又は20，50などの棒グラフや，複数の棒グラフを組み合わせたグラフなどにも触れるものとする。

〔第４学年〕
1 目標
(1) 小数及び分数の意味と表し方，四則の関係，平面図形と立体図形，面積，角の大きさ，折れ線グラフなどについて理解するとともに，整数，小数及び分数の計算をしたり，図形を構成したり，図形の面積や角の大きさを求めたり，表やグラフに表したりすることなどについての技能を身に付けるようにする。
(2) 数とその表現や数量の関係に着目し，目的に合った表現方法を用いて計算の仕方などを考察する力，図形を構成する要素及びそれらの位置関係に着目し，図形の性質や図形の計量について考察する力，伴って変わる二つの数量やそれらの関係に着目し，変化や対応の特徴を見いだして，二つの数量の関係を表や式を用いて考察する力，目的に応じてデータを収集し，データの特徴や傾向に着目して表やグラフに的確に表現し，それらを用いて問題解決したり，解決の過程や結果を多面的に捉え考察したりする力などを養う。
(3) 数学的に表現・処理したことを振り返り，多面的に捉え検討してよりよいものを求めて粘り強く考える態度，数学のよさに気付き学習したことを生活や学習に活用しようとする態度を養う。

2 内容
A 数と計算
(1) 整数の表し方に関わる数学的活動を通して，次の事項を身に付けることができるよう指導する。
　ア 次のような知識及び技能を身に付けること。
　　(ア) 億，兆の単位について知り，十進位取り記数法についての理解を深めること。
　イ 次のような思考力，判断力，表現力等を身に付けること。
　　(ア) 数のまとまりに着目し，大きな数の大きさの比べ方や表し方を統合的に捉えるとともに，それらを日常生活に生かすこと。
(2) 概数に関わる数学的活動を通して，次の事項を身に付けることができるよう指導する。
　ア 次のような知識及び技能を

225

身に付けること。
　　(ｱ)　概数が用いられる場合について知ること。
　　(ｲ)　四捨五入について知ること。
　　(ｳ)　目的に応じて四則計算の結果の見積りをすること。
　イ　次のような思考力，判断力，表現力等を身に付けること。
　　(ｱ)　日常の事象における場面に着目し，目的に合った数の処理の仕方を考えるとともに，それを日常生活に生かすこと。
(3)　整数の除法に関わる数学的活動を通して，次の事項を身に付けることができるよう指導する。
　ア　次のような知識及び技能を身に付けること。
　　(ｱ)　除数が１位数や２位数で被除数が２位数や３位数の場合の計算が，基本的な計算を基にしてできることを理解すること。また，その筆算の仕方について理解すること。
　　(ｲ)　除法の計算が確実にでき，それを適切に用いること。
　　(ｳ)　除法について，次の関係を理解すること。
　　　　（被除数）＝（除数）×（商）＋（余り）
　　(ｴ)　除法に関して成り立つ性質について理解すること。
　イ　次のような思考力，判断力，表現力等を身に付けること。
　　(ｱ)　数量の関係に着目し，計算の仕方を考えたり計算に関して成り立つ性質を見いだしたりするとともに，その性質を活用して，計算を工夫したり計算の確かめをしたりすること。
(4)　小数とその計算に関わる数学的活動を通して，次の事項を身に付けることができるよう指導する。
　ア　次のような知識及び技能を身に付けること。
　　(ｱ)　ある量の何倍かを表すのに小数を用いることを知ること。
　　(ｲ)　小数が整数と同じ仕組みで表されていることを知るとともに，数の相対的な大きさについての理解を深めること。
　　(ｳ)　小数の加法及び減法の計算ができること。
　　(ｴ)　乗数や除数が整数である場合の小数の乗法及び除法の計算ができること。
　イ　次のような思考力，判断力，表現力等を身に付けること。
　　(ｱ)　数の表し方の仕組みや数を構成する単位に着目し，計算の仕方を考えるとともに

に，それを日常生活に生かすこと。
(5) 分数とその加法及び減法に関わる数学的活動を通して，次の事項を身に付けることができるよう指導する。
　ア　次のような知識及び技能を身に付けること。
　　(ｱ)　簡単な場合について，大きさの等しい分数があることを知ること。
　　(ｲ)　同分母の分数の加法及び減法の計算ができること。
　イ　次のような思考力，判断力，表現力等を身に付けること。
　　(ｱ)　数を構成する単位に着目し，大きさの等しい分数を探したり，計算の仕方を考えたりするとともに，それを日常生活に生かすこと。
(6) 数量の関係を表す式に関わる数学的活動を通して，次の事項を身に付けることができるよう指導する。
　ア　次のような知識及び技能を身に付けること。
　　(ｱ)　四則の混合した式や（ ）を用いた式について理解し，正しく計算すること。
　　(ｲ)　公式についての考え方を理解し，公式を用いること。
　　(ｳ)　数量を□，△などを用いて表し，その関係を式に表したり，□，△などに数を当てはめて調べたりすること。
　イ　次のような思考力，判断力，表現力等を身に付けること。
　　(ｱ)　問題場面の数量の関係に着目し，数量の関係を簡潔に，また一般的に表現したり，式の意味を読み取ったりすること。
(7) 計算に関して成り立つ性質に関わる数学的活動を通して，次の事項を身に付けることができるよう指導する。
　ア　次のような知識及び技能を身に付けること。
　　(ｱ)　四則に関して成り立つ性質についての理解を深めること。
　イ　次のような思考力，判断力，表現力等を身に付けること。
　　(ｱ)　数量の関係に着目し，計算に関して成り立つ性質を用いて計算の仕方を考えること。
(8) そろばんを用いた数の表し方と計算に関わる数学的活動を通して，次の事項を身に付けることができるよう指導する。
　ア　次のような知識及び技能を身に付けること。
　　(ｱ)　加法及び減法の計算をすること。
　イ　次のような思考力，判断力，表現力等を身に付けるこ

と。
(ｱ) そろばんの仕組みに着目し，大きな数や小数の計算の仕方を考えること。
B 図 形
(1) 平面図形に関わる数学的活動を通して，次の事項を身に付けることができるよう指導する。
　ア 次のような知識及び技能を身に付けること。
　　(ｱ) 直線の平行や垂直の関係について理解すること。
　　(ｲ) 平行四辺形，ひし形，台形について知ること。
　イ 次のような思考力，判断力，表現力等を身に付けること。
　　(ｱ) 図形を構成する要素及びそれらの位置関係に着目し，構成の仕方を考察し図形の性質を見いだすとともに，その性質を基に既習の図形を捉え直すこと。
(2) 立体図形に関わる数学的活動を通して，次の事項を身に付けることができるよう指導する。
　ア 次のような知識及び技能を身に付けること。
　　(ｱ) 立方体，直方体について知ること。
　　(ｲ) 直方体に関連して，直線や平面の平行や垂直の関係について理解すること。
　　(ｳ) 見取図，展開図について知ること。
　イ 次のような思考力，判断力，表現力等を身に付けること。
　　(ｱ) 図形を構成する要素及びそれらの位置関係に着目し，立体図形の平面上での表現や構成の仕方を考察し図形の性質を見いだすとともに，日常の事象を図形の性質から捉え直すこと。
(3) ものの位置に関わる数学的活動を通して，次の事項を身に付けることができるよう指導する。
　ア 次のような知識及び技能を身に付けること。
　　(ｱ) ものの位置の表し方について理解すること。
　イ 次のような思考力，判断力，表現力等を身に付けること。
　　(ｱ) 平面や空間における位置を決める要素に着目し，その位置を数を用いて表現する方法を考察すること。
(4) 平面図形の面積に関わる数学的活動を通して，次の事項を身に付けることができるよう指導する。
　ア 次のような知識及び技能を身に付けること。
　　(ｱ) 面積の単位（平方センチメートル（cm^2），平方メートル（m^2），平方キロメートル（km^2））について知ること。
　　(ｲ) 正方形及び長方形の面積

の計算による求め方について理解すること。
　イ　次のような思考力，判断力，表現力等を身に付けること。
　　(ｱ)　面積の単位や図形を構成する要素に着目し，図形の面積の求め方を考えるとともに，面積の単位とこれまでに学習した単位との関係を考察すること。
(5)　角の大きさに関わる数学的活動を通して，次の事項を身に付けることができるよう指導する。
　ア　次のような知識及び技能を身に付けること。
　　(ｱ)　角の大きさを回転の大きさとして捉えること。
　　(ｲ)　角の大きさの単位（度（°））について知り，角の大きさを測定すること。
　イ　次のような思考力，判断力，表現力等を身に付けること。
　　(ｱ)　図形の角の大きさに着目し，角の大きさを柔軟に表現したり，図形の考察に生かしたりすること。

C　変化と関係
(1)　伴って変わる二つの数量に関わる数学的活動を通して，次の事項を身に付けることができるよう指導する。
　ア　次のような知識及び技能を身に付けること。
　　(ｱ)　変化の様子を表や式，折れ線グラフを用いて表したり，変化の特徴を読み取ったりすること。
　イ　次のような思考力，判断力，表現力等を身に付けること。
　　(ｱ)　伴って変わる二つの数量を見いだして，それらの関係に着目し，表や式を用いて変化や対応の特徴を考察すること。
(2)　二つの数量の関係に関わる数学的活動を通して，次の事項を身に付けることができるよう指導する。
　ア　次のような知識及び技能を身に付けること。
　　(ｱ)　簡単な場合について，ある二つの数量の関係と別の二つの数量の関係とを比べる場合に割合を用いる場合があることを知ること。
　イ　次のような思考力，判断力，表現力等を身に付けること。
　　(ｱ)　日常の事象における数量の関係に着目し，図や式などを用いて，ある二つの数量の関係と別の二つの数量の関係との比べ方を考察すること。

D　データの活用
(1)　データの収集とその分析に関わる数学的活動を通して，次の事項を身に付けることができる

よう指導する。
　ア　次のような知識及び技能を身に付けること。
　　(ｱ)　データを二つの観点から分類整理する方法を知ること。
　　(ｲ)　折れ線グラフの特徴とその用い方を理解すること。
　イ　次のような思考力，判断力，表現力等を身に付けること。
　　(ｱ)　目的に応じてデータを集めて分類整理し，データの特徴や傾向に着目し，問題を解決するために適切なグラフを選択して判断し，その結論について考察すること。
〔数学的活動〕
(1)　内容の「A数と計算」，「B図形」，「C変化と関係」及び「Dデータの活用」に示す学習については，次のような数学的活動に取り組むものとする。
　ア　日常の事象から算数の問題を見いだして解決し，結果を確かめたり，日常生活等に生かしたりする活動
　イ　算数の学習場面から算数の問題を見いだして解決し，結果を確かめたり，発展的に考察したりする活動
　ウ　問題解決の過程や結果を，図や式などを用いて数学的に表現し伝え合う活動
〔用語・記号〕
　和　差　積　商　以上　以下　未満　真分数　仮分数　帯分数　平行　垂直　対角線　平面

3　内容の取扱い

(1)　内容の「A数と計算」の(1)については，大きな数を表す際に，3桁ごとに区切りを用いる場合があることに触れるものとする。

(2)　内容の「A数と計算」の(2)のアの(ｳ)及び(3)については，簡単な計算は暗算でできるよう配慮するものとする。また，暗算を筆算や見積りに生かすよう配慮するものとする。

(3)　内容の「A数と計算」の(3)については，第1学年から第4学年までに示す整数の計算の能力を定着させ，それを用いる能力を伸ばすことに配慮するものとする。

(4)　内容の「A数と計算」の(3)のアの(ｴ)については，除数及び被除数に同じ数をかけても，同じ数で割っても商は変わらないという性質などを取り扱うものとする。

(5)　内容の「A数と計算」の(4)のアの(ｴ)については，整数を整数で割って商が小数になる場合も含めるものとする。

(6)　内容の「A数と計算」の(7)のアの(ｱ)については，交換法則，結合法則，分配法則を扱うものとする。

(7)　内容の「B図形」の(1)につい

ては，平行四辺形，ひし形，台形で平面を敷き詰めるなどの操作的な活動を重視するよう配慮するものとする。
(8) 内容の「B図形」の(4)のアの(ア)については，アール（a），ヘクタール（ha）の単位についても触れるものとする。
(9) 内容の「Dデータの活用」の(1)のアの(ア)については，資料を調べるときに，落ちや重なりがないようにすることを取り扱うものとする。
(10) 内容の「Dデータの活用」の(1)のアの(イ)については，複数系列のグラフや組み合わせたグラフにも触れるものとする。

〔第５学年〕

1 目 標

(1) 整数の性質，分数の意味，小数と分数の計算の意味，面積の公式，図形の意味と性質，図形の体積，速さ，割合，帯グラフなどについて理解するとともに，小数や分数の計算をしたり，図形の性質を調べたり，図形の面積や体積を求めたり，表やグラフに表したりすることなどについての技能を身に付けるようにする。

(2) 数とその表現や計算の意味に着目し，目的に合った表現方法を用いて数の性質や計算の仕方などを考察する力，図形を構成する要素や図形間の関係などに着目し，図形の性質や図形の計量について考察する力，伴って変わる二つの数量やそれらの関係に着目し，変化や対応の特徴を見いだして，二つの数量の関係を表や式を用いて考察する力，目的に応じてデータを収集し，データの特徴や傾向に着目して表やグラフに的確に表現し，それらを用いて問題解決したり，解決の過程や結果を多面的に捉え考察したりする力などを養う。

(3) 数学的に表現・処理したことを振り返り，多面的に捉え検討してよりよいものを求めて粘り強く考える態度，数学のよさに気付き学習したことを生活や学習に活用しようとする態度を養う。

2 内 容

A 数と計算

(1) 整数の性質及び整数の構成に関わる数学的活動を通して，次の事項を身に付けることができるよう指導する。

　ア 次のような知識及び技能を身に付けること。
　　(ア) 整数は，観点を決めると偶数と奇数に類別されることを知ること。
　　(イ) 約数，倍数について知ること。
　イ 次のような思考力，判断力，表現力等を身に付けること。

(ア) 乗法及び除法に着目し，観点を決めて整数を類別する仕方を考えたり，数の構成について考察したりするとともに，日常生活に生かすこと。
(2) 整数及び小数の表し方に関わる数学的活動を通して，次の事項を身に付けることができるよう指導する。
　ア 次のような知識及び技能を身に付けること。
　　(ア) ある数の10倍，100倍，1000倍，$\frac{1}{10}$，$\frac{1}{100}$ などの大きさの数を，小数点の位置を移してつくること。
　イ 次のような思考力，判断力，表現力等を身に付けること。
　　(ア) 数の表し方の仕組みに着目し，数の相対的な大きさを考察し，計算などに有効に生かすこと。
(3) 小数の乗法及び除法に関わる数学的活動を通して，次の事項を身に付けることができるよう指導する。
　ア 次のような知識及び技能を身に付けること。
　　(ア) 乗数や除数が小数である場合の小数の乗法及び除法の意味について理解すること。
　　(イ) 小数の乗法及び除法の計算ができること。また，余りの大きさについて理解すること。
　　(ウ) 小数の乗法及び除法についても整数の場合と同じ関係や法則が成り立つことを理解すること。
　イ 次のような思考力，判断力，表現力等を身に付けること。
　　(ア) 乗法及び除法の意味に着目し，乗数や除数が小数である場合まで数の範囲を広げて乗法及び除法の意味を捉え直すとともに，それらの計算の仕方を考えたり，それらを日常生活に生かしたりすること。
(4) 分数に関わる数学的活動を通して，次の事項を身に付けることができるよう指導する。
　ア 次のような知識及び技能を身に付けること。
　　(ア) 整数及び小数を分数の形に直したり，分数を小数で表したりすること。
　　(イ) 整数の除法の結果は，分数を用いると常に一つの数として表すことができることを理解すること。
　　(ウ) 一つの分数の分子及び分母に同じ数を乗除してできる分数は，元の分数と同じ大きさを表すことを理解すること。
　　(エ) 分数の相等及び大小について知り，大小を比べること。

イ 次のような思考力，判断力，表現力等を身に付けること。
　(ア) 数を構成する単位に着目し，数の相等及び大小関係について考察すること。
　(イ) 分数の表現に着目し，除法の結果の表し方を振り返り，分数の意味をまとめること。
(5) 分数の加法及び減法に関わる数学的活動を通して，次の事項を身に付けることができるよう指導する。
　ア 次のような知識及び技能を身に付けること。
　　(ア) 異分母の分数の加法及び減法の計算ができること。
　イ 次のような思考力，判断力，表現力等を身に付けること。
　　(ア) 分数の意味や表現に着目し，計算の仕方を考えること。
(6) 数量の関係を表す式に関わる数学的活動を通して，次の事項を身に付けることができるよう指導する。
　ア 次のような知識及び技能を身に付けること。
　　(ア) 数量の関係を表す式についての理解を深めること。
　イ 次のような思考力，判断力，表現力等を身に付けること。
　　(ア) 二つの数量の対応や変わり方に着目し，簡単な式で表されている関係について考察すること。

B　図　形
(1) 平面図形に関わる数学的活動を通して，次の事項を身に付けることができるよう指導する。
　ア 次のような知識及び技能を身に付けること。
　　(ア) 図形の形や大きさが決まる要素について理解するとともに，図形の合同について理解すること。
　　(イ) 三角形や四角形など多角形についての簡単な性質を理解すること。
　　(ウ) 円と関連させて正多角形の基本的な性質を知ること。
　　(エ) 円周率の意味について理解し，それを用いること。
　イ 次のような思考力，判断力，表現力等を身に付けること。
　　(ア) 図形を構成する要素及び図形間の関係に着目し，構成の仕方を考察したり，図形の性質を見いだし，その性質を筋道を立てて考え説明したりすること。
(2) 立体図形に関わる数学的活動を通して，次の事項を身に付けることができるよう指導する。
　ア 次のような知識及び技能を身に付けること。
　　(ア) 基本的な角柱や円柱につ

いて知ること。
イ 次のような思考力，判断力，表現力等を身に付けること。
(ア) 図形を構成する要素に着目し，図形の性質を見いだすとともに，その性質を基に既習の図形を捉え直すこと。
(3) 平面図形の面積に関わる数学的活動を通して，次の事項を身に付けることができるよう指導する。
ア 次のような知識及び技能を身に付けること。
(ア) 三角形，平行四辺形，ひし形，台形の面積の計算による求め方について理解すること。
イ 次のような思考力，判断力，表現力等を身に付けること。
(ア) 図形を構成する要素などに着目して，基本図形の面積の求め方を見いだすとともに，その表現を振り返り，簡潔かつ的確な表現に高め，公式として導くこと。
(4) 立体図形の体積に関わる数学的活動を通して，次の事項を身に付けることができるよう指導する。
ア 次のような知識及び技能を身に付けること。
(ア) 体積の単位（立方センチメートル（cm^3），立方メートル（m^3）について知ること。
(イ) 立方体及び直方体の体積の計算による求め方について理解すること。
イ 次のような思考力，判断力，表現力等を身に付けること。
(ア) 体積の単位や図形を構成する要素に着目し，図形の体積の求め方を考えるとともに，体積の単位とこれまでに学習した単位との関係を考察すること。

C 変化と関係
(1) 伴って変わる二つの数量に関わる数学的活動を通して，次の事項を身に付けることができるよう指導する。
ア 次のような知識及び技能を身に付けること。
(ア) 簡単な場合について，比例の関係があることを知ること。
イ 次のような思考力，判断力，表現力等を身に付けること。
(ア) 伴って変わる二つの数量を見いだして，それらの関係に着目し，表や式を用いて変化や対応の特徴を考察すること。
(2) 異種の二つの量の割合として捉えられる数量に関わる数学的活動を通して，次の事項を身に

付けることができるよう指導する。
　ア　次のような知識及び技能を身に付けること。
　　(ア)　速さなど単位量当たりの大きさの意味及び表し方について理解し，それを求めること。
　イ　次のような思考力，判断力，表現力等を身に付けること。
　　(ア)　異種の二つの量の割合として捉えられる数量の関係に着目し，目的に応じて大きさを比べたり表現したりする方法を考察し，それらを日常生活に生かすこと。
(3)　二つの数量の関係に関わる数学的活動を通して，次の事項を身に付けることができるよう指導する。
　ア　次のような知識及び技能を身に付けること。
　　(ア)　ある二つの数量の関係と別の二つの数量の関係とを比べる場合に割合を用いる場合があることを理解すること。
　　(イ)　百分率を用いた表し方を理解し，割合などを求めること。
　イ　次のような思考力，判断力，表現力等を身に付けること。
　　(ア)　日常の事象における数量の関係に着目し，図や式などを用いて，ある二つの数量の関係と別の二つの数量の関係との比べ方を考察し，それを日常生活に生かすこと。
D　データの活用
(1)　データの収集とその分析に関わる数学的活動を通して，次の事項を身に付けることができるよう指導する。
　ア　次のような知識及び技能を身に付けること。
　　(ア)　円グラフや帯グラフの特徴とそれらの用い方を理解すること。
　　(イ)　データの収集や適切な手法の選択など統計的な問題解決の方法を知ること。
　イ　次のような思考力，判断力，表現力等を身に付けること。
　　(ア)　目的に応じてデータを集めて分類整理し，データの特徴や傾向に着目し，問題を解決するために適切なグラフを選択して判断し，その結論について多面的に捉え考察すること。
(2)　測定した結果を平均する方法に関わる数学的活動を通して，次の事項を身に付けることができるよう指導する。
　ア　次のような知識及び技能を身に付けること。
　　(ア)　平均の意味について理解すること。

イ 次のような思考力，判断力，表現力等を身に付けること。
　㋐ 概括的に捉えることに着目し，測定した結果を平均する方法について考察し，それを学習や日常生活に生かすこと。

〔数学的活動〕
(1) 内容の「A数と計算」，「B図形」，「C変化と関係」及び「Dデータの活用」に示す学習については，次のような数学的活動に取り組むものとする。
　ア 日常の事象から算数の問題を見いだして解決し，結果を確かめたり，日常生活等に生かしたりする活動
　イ 算数の学習場面から算数の問題を見いだして解決し，結果を確かめたり，発展的に考察したりする活動
　ウ 問題解決の過程や結果を，図や式などを用いて数学的に表現し伝え合う活動

〔用語・記号〕
　最大公約数　最小公倍数　通分　約分　底面　側面　比例　％

3 内容の取扱い
(1) 内容の「A数と計算」の(1)のアの(イ)については，最大公約数や最小公倍数を形式的に求めることに偏ることなく，具体的な場面に即して取り扱うものとする。
(2) 内容の「B図形」の(1)については，平面を合同な図形で敷き詰めるなどの操作的な活動を重視するよう配慮するものとする。
(3) 内容の「B図形」の(1)のアの(エ)については，円周率は3.14を用いるものとする。
(4) 内容の「C変化と関係」の(3)のアの(イ)については，歩合の表し方について触れるものとする。
(5) 内容の「Dデータの活用」の(1)については，複数の帯グラフを比べることにも触れるものとする。

〔第6学年〕
1 目標
(1) 分数の計算の意味，文字を用いた式，図形の意味，図形の体積，比例，度数分布を表す表などについて理解するとともに，分数の計算をしたり，図形を構成したり，図形の面積や体積を求めたり，表やグラフに表したりすることなどについての技能を身に付けるようにする。
(2) 数とその表現や計算の意味に着目し，発展的に考察して問題を見いだすとともに，目的に応じて多様な表現方法を用いながら数の表し方や計算の仕方などを考察する力，図形を構成する要素や図形間の関係などに着目し，図形の性質や図形の計量について考察する力，伴って変わ

る二つの数量やそれらの関係に着目し，変化や対応の特徴を見いだして，二つの数量の関係を表や式，グラフを用いて考察する力，身の回りの事象から設定した問題について，目的に応じてデータを収集し，データの特徴や傾向に着目して適切な手法を選択して分析を行い，それらを用いて問題解決したり，解決の過程や結果を批判的に考察したりする力などを養う。
(3) 数学的に表現・処理したことを振り返り，多面的に捉え検討してよりよいものを求めて粘り強く考える態度，数学のよさに気付き学習したことを生活や学習に活用しようとする態度を養う。

2 内 容
A 数と計算
(1) 分数の乗法及び除法に関わる数学的活動を通して，次の事項を身に付けることができるよう指導する。
　ア 次のような知識及び技能を身に付けること。
　　(ア) 乗数や除数が整数や分数である場合も含めて，分数の乗法及び除法の意味について理解すること。
　　(イ) 分数の乗法及び除法の計算ができること。
　　(ウ) 分数の乗法及び除法についても，整数の場合と同じ関係や法則が成り立つことを理解すること。
　イ 次のような思考力，判断力，表現力等を身に付けること。
　　(ア) 数の意味と表現，計算について成り立つ性質に着目し，計算の仕方を多面的に捉え考えること。
(2) 数量の関係を表す式に関わる数学的活動を通して，次の事項を身に付けることができるよう指導する。
　ア 次のような知識及び技能を身に付けること。
　　(ア) 数量を表す言葉や□，△などの代わりに，a，xなどの文字を用いて式に表したり，文字に数を当てはめて調べたりすること。
　イ 次のような思考力，判断力，表現力等を身に付けること。
　　(ア) 問題場面の数量の関係に着目し，数量の関係を簡潔かつ一般的に表現したり，式の意味を読み取ったりすること。
B 図 形
(1) 平面図形に関わる数学的活動を通して，次の事項を身に付けることができるよう指導する。
　ア 次のような知識及び技能を身に付けること。
　　(ア) 縮図や拡大図について理解すること。
　　(イ) 対称な図形について理解

資　料

　　　すること。
　　イ　次のような思考力，判断力，表現力等を身に付けること。
　　　(ｱ)　図形を構成する要素及び図形間の関係に着目し，構成の仕方を考察したり図形の性質を見いだしたりするとともに，その性質を基に既習の図形を捉え直したり日常生活に生かしたりすること。
(2)　身の回りにある形の概形やおよその面積などに関わる数学的活動を通して，次の事項を身に付けることができるよう指導する。
　　ア　次のような知識及び技能を身に付けること。
　　　(ｱ)　身の回りにある形について，その概形を捉え，およその面積などを求めること。
　　イ　次のような思考力，判断力，表現力等を身に付けること。
　　　(ｱ)　図形を構成する要素や性質に着目し，筋道を立てて面積などの求め方を考え，それを日常生活に生かすこと。
(3)　平面図形の面積に関わる数学的活動を通して，次の事項を身に付けることができるよう指導する。
　　ア　次のような知識及び技能を身に付けること。
　　　(ｱ)　円の面積の計算による求め方について理解すること。
　　イ　次のような思考力，判断力，表現力等を身に付けること。
　　　(ｱ)　図形を構成する要素などに着目し，基本図形の面積の求め方を見いだすとともに，その表現を振り返り，簡潔かつ的確な表現に高め，公式として導くこと。
(4)　立体図形の体積に関わる数学的活動を通して，次の事項を身に付けることができるよう指導する。
　　ア　次のような知識及び技能を身に付けること。
　　　(ｱ)　基本的な角柱及び円柱の体積の計算による求め方について理解すること。
　　イ　次のような思考力，判断力，表現力等を身に付けること。
　　　(ｱ)　図形を構成する要素に着目し，基本図形の体積の求め方を見いだすとともに，その表現を振り返り，簡潔かつ的確な表現に高め，公式として導くこと。
C　変化と関係
(1)　伴って変わる二つの数量に関わる数学的活動を通して，次の事項を身に付けることができるよう指導する。

ア 次のような知識及び技能を身に付けること。
　(ｱ) 比例の関係の意味や性質を理解すること。
　(ｲ) 比例の関係を用いた問題解決の方法について知ること。
　(ｳ) 反比例の関係について知ること。
イ 次のような思考力，判断力，表現力等を身に付けること。
　(ｱ) 伴って変わる二つの数量を見いだして，それらの関係に着目し，目的に応じて表や式，グラフを用いてそれらの関係を表現して，変化や対応の特徴を見いだすとともに，それらを日常生活に生かすこと。
(2) 二つの数量の関係に関わる数学的活動を通して，次の事項を身に付けることができるよう指導する。
ア 次のような知識及び技能を身に付けること。
　(ｱ) 比の意味や表し方を理解し，数量の関係を比で表したり，等しい比をつくったりすること。
イ 次のような思考力，判断力，表現力等を身に付けること。
　(ｱ) 日常の事象における数量の関係に着目し，図や式などを用いて数量の関係の比べ方を考察し，それを日常生活に生かすこと。

D　データの活用
(1) データの収集とその分析に関わる数学的活動を通して，次の事項を身に付けることができるよう指導する。
ア 次のような知識及び技能を身に付けること。
　(ｱ) 代表値の意味や求め方を理解すること。
　(ｲ) 度数分布を表す表やグラフの特徴及びそれらの用い方を理解すること。
　(ｳ) 目的に応じてデータを収集したり適切な手法を選択したりするなど，統計的な問題解決の方法を知ること。
イ 次のような思考力，判断力，表現力等を身に付けること。
　(ｱ) 目的に応じてデータを集めて分類整理し，データの特徴や傾向に着目し，代表値などを用いて問題の結論について判断するとともに，その妥当性について批判的に考察すること。
(2) 起こり得る場合に関わる数学的活動を通して，次の事項を身に付けることができるよう指導する。
ア 次のような知識及び技能を身に付けること。
　(ｱ) 起こり得る場合を順序よ

く整理するための図や表などの用い方を知ること。
イ　次のような思考力，判断力，表現力等を身に付けること。
　(ｱ)　事象の特徴に着目し，順序よく整理する観点を決めて，落ちや重なりなく調べる方法を考察すること。

〔数学的活動〕
(1)　内容の「A数と計算」，「B図形」，「C変化と関係」及び「Dデータの活用」に示す学習については，次のような数学的活動に取り組むものとする。
　ア　日常の事象を数理的に捉え問題を見いだして解決し，解決過程を振り返り，結果や方法を改善したり，日常生活等に生かしたりする活動
　イ　算数の学習場面から算数の問題を見いだして解決し，解決過程を振り返り統合的・発展的に考察する活動
　ウ　問題解決の過程や結果を，目的に応じて図や式などを用いて数学的に表現し伝え合う活動

〔用語・記号〕
　線対称　点対称　対称の軸
　対称の中心　比の値　平均値
　中央値　最頻値　階級　：

3　内容の取扱い

(1)　内容の「A数と計算」の(1)については，逆数を用いて除法を乗法の計算としてみることや，整数や小数の乗法や除法を分数の場合の計算にまとめることも取り扱うものとする。
(2)　内容の「A数と計算」の(1)については，第3学年から第6学年までに示す小数や分数の計算の能力を定着させ，それらを用いる能力を伸ばすことに配慮するものとする。
(3)　内容の「B図形」の(3)のアの(ｱ)については，円周率は3.14を用いるものとする。

第3　指導計画の作成と内容の取扱い

1　指導計画の作成に当たっては，次の事項に配慮するものとする。
(1)　単元など内容や時間のまとまりを見通して，その中で育む資質・能力の育成に向けて，数学的活動を通して，児童の主体的・対話的で深い学びの実現を図るようにすること。その際，数学的な見方・考え方を働かせながら，日常の事象を数理的に捉え，算数の問題を見いだし，問題を自立的，協働的に解決し，学習の過程を振り返り，概念を形成するなどの学習の充実を図ること。
(2)　第2の各学年の内容は，次の学年以降においても必要に応じて継続して指導すること。数量や図形についての基礎的な能力の習熟や維持を図るため，適宜練習の機会を設けて計画的に指導すること。なお，その際，第

1章総則の第2の3の(2)のウの(イ)に掲げる指導を行う場合には、当該指導のねらいを明確にするとともに、単元など内容や時間のまとまりを見通して資質・能力が偏りなく育成されるよう計画的に指導すること。また、学年間の指導内容を円滑に接続させるため、適切な反復による学習指導を進めるようにすること。
(3) 第2の各学年の内容の「A数と計算」、「B図形」、「C測定」、「C変化と関係」及び「Dデータの活用」の間の指導の関連を図ること。
(4) 低学年においては、第1章総則の第2の4の(1)を踏まえ、他教科等との関連を積極的に図り、指導の効果を高めるようにするとともに、幼稚園教育要領等に示す幼児期の終わりまでに育ってほしい姿との関連を考慮すること。特に、小学校入学当初においては、生活科を中心とした合科的・関連的な指導や、弾力的な時間割の設定を行うなどの工夫をすること。
(5) 障害のある児童などについては、学習活動を行う場合に生じる困難さに応じた指導内容や指導方法の工夫を計画的、組織的に行うこと。
(6) 第1章総則の第1の2の(2)に示す道徳教育の目標に基づき、道徳科などとの関連を考慮しながら、第3章特別の教科道徳の第2に示す内容について、算数科の特質に応じて適切な指導をすること。
2 第2の内容の取扱いについては、次の事項に配慮するものとする。
(1) 思考力、判断力、表現力等を育成するため、各学年の内容の指導に当たっては、具体物、図、言葉、数、式、表、グラフなどを用いて考えたり、説明したり、互いに自分の考えを表現し伝え合ったり、学び合ったり、高め合ったりするなどの学習活動を積極的に取り入れるようにすること。
(2) 数量や図形についての感覚を豊かにしたり、表やグラフを用いて表現する力を高めたりするなどのため、必要な場面においてコンピュータなどを適切に活用すること。また、第1章総則の第3の1の(3)のイに掲げるプログラミングを体験しながら論理的思考力を身に付けるための学習活動を行う場合には、児童の負担に配慮しつつ、例えば第2の各学年の内容の〔第5学年〕の「B図形」の(1)における正多角形の作図を行う学習に関連して、正確な繰り返し作業を行う必要があり、更に一部を変えることでいろいろな正多角形を同様に考えることができる場面などで取り扱うこと。

(3) 各領域の指導に当たっては，具体物を操作したり，日常の事象を観察したり，児童にとって身近な算数の問題を解決したりするなどの具体的な体験を伴う学習を通して，数量や図形について実感を伴った理解をしたり，算数を学ぶ意義を実感したりする機会を設けること。

(4) 第2の各学年の内容に示す〔用語・記号〕は，当該学年で取り上げる内容の程度や範囲を明確にするために示したものであり，その指導に当たっては，各学年の内容と密接に関連させて取り上げるようにし，それらを用いて表したり考えたりすることのよさが分かるようにすること。

(5) 数量や図形についての豊かな感覚を育てるとともに，およその大きさや形を捉え，それらに基づいて適切に判断したり，能率的な処理の仕方を考え出したりすることができるようにすること。

(6) 筆算による計算の技能を確実に身に付けることを重視するとともに，目的に応じて計算の結果の見積りをして，計算の仕方や結果について適切に判断できるようにすること。また，低学年の「A数と計算」の指導に当たっては，そろばんや具体物などの教具を適宜用いて，数と計算についての意味の理解を深めるよう留意すること。

3 数学的活動の取組においては，次の事項に配慮するものとする。

(1) 数学的活動は，基礎的・基本的な知識及び技能を確実に身に付けたり，思考力，判断力，表現力等を高めたり，算数を学ぶことの楽しさや意義を実感したりするために，重要な役割を果たすものであることから，各学年の内容の「A数と計算」，「B図形」，「C測定」，「C変化と関係」及び「Dデータの活用」に示す事項については，数学的活動を通して指導するようにすること。

(2) 数学的活動を楽しめるようにする機会を設けること。

(3) 算数の問題を解決する方法を理解するとともに，自ら問題を見いだし，解決するための構想を立て，実践し，その結果を評価・改善する機会を設けること。

(4) 具体物，図，数，式，表，グラフ相互の関連を図る機会を設けること。

(5) 友達と考えを伝え合うことで学び合ったり，学習の過程と成果を振り返り，よりよく問題解決できたことを実感したりする機会を設けること。

編者・執筆者一覧

●編　者
齊藤一弥（高知県教育委員会事務局学力向上総括専門官）

●執筆者

齊藤一弥（上掲）	1章1節
清水美憲（筑波大学教授）	1章2節
池田敏和（横浜国立大学教授）	1章3節
清水紀宏（福岡教育大学副学長・教授）	1章4節
中野博之（弘前大学大学院教授）	1章5節
日野圭子（宇都宮大学教授）	2章1節
清水宏幸（山梨大学大学院准教授）	2章2節
二宮裕之（埼玉大学教授）	2章3節
高畑嗣人（岩手県八幡平市教育委員会教育指導課課長）	2章4節
椎名美穂子（秋田県総合教育センター指導主事）	2章5節
濁川　究（埼玉県上尾市立東町小学校教諭）	3章1節
高橋丈夫（成城学園初等学校教諭）	3章2節
鈴木隆幸（岡山県総合教育センター指導主事）	3章3節
大井慶亮（横浜市立岸谷小学校主幹教諭）	3章4節
増本敦子（杉並区立西田小学校主任教諭）	3章5節
岡部寛之（早稲田実業学校初等部教諭）	3章6節
中川愼一（富山県南砺市立福光東部小学校校長）	4章1節
鈴木　誠（東京学芸大学附属世田谷中学校教諭）	4章2節
礒部年晃（福岡教育大学教育総合研究所准教授）	4章3節

［掲載順／職名は執筆時現在］

●編著者プロフィール

齊藤一弥（さいとう・かずや）
高知県教育委員会事務局学力向上総括専門官

東京生まれ。横浜国立大学大学院教育学研究科修了。平成15年から横浜市教育委員会事務局。授業改善支援課首席指導主事，指導部指導主事室室長として横浜版学習指導要領策定，横浜型小中一貫教育推進にあたる。平成24年より横浜市立小学校長。現在，高知県教育委員会事務局学力向上総括専門官，中央教育審議会教育課程部会算数・数学ワーキンググループ委員。

平成29年改訂
小学校教育課程実践講座
算　数

2018年1月15日　第1刷発行

編　著　齊藤一弥

発　行　株式会社**ぎょうせい**

〒136-8575　東京都江東区新木場1-18-11
電　話　編集　03-6892-6508
　　　　営業　03-6892-6666
フリーコール　0120-953-431
URL：https://gyosei.jp

〈検印省略〉

印刷　ぎょうせいデジタル株式会社
乱丁・落丁本は，送料小社負担にてお取り替えいたします。
©2018　Printed in Japan　禁無断転載・複製
ISBN978-4-324-10305-0（3100534-01-004）［略号：29小課程（算）］

平成29年改訂
小学校教育課程実践講座
全14巻

☑ 豊富な先行授業事例・指導案
☑ Q&Aで知りたい疑問を即解決！
☑ 信頼と充実の執筆陣

⇒学校現場の ❓ に即アプローチ！
明日からの授業づくりに直結!!

A5判・本文2色刷り・各巻220～240頁程度
セット定価（本体 **25,200**円＋税）　各巻定価（本体 **1,800**円＋税）
セット送料サービス　　　　　　　　　　　　各巻送料300円

巻構成　編者一覧

- ●**総 則**　天笠　茂（千葉大学特任教授）
- ●**国 語**　樺山敏郎（大妻女子大学准教授）
- ●**社 会**　北　俊夫（国士舘大学教授）
- ●**算 数**　齊藤一弥（高知県教育委員会学力向上総括専門官）
- ●**理 科**　日置光久（東京大学特任教授）
  　　　　　田村正弘（東京都足立区立千寿小学校校長）
  　　　　　川上真哉（東京大学特任研究員）
- ●**生 活**　朝倉　淳（広島大学教授）
- ●**音 楽**　宮下俊也（奈良教育大学教授・副学長・理事）

- ●**図画工作**　奥村高明（聖徳大学教授）
- ●**家 庭**　岡　陽子（佐賀大学大学院教授）
  　　　　　鈴木明子（広島大学大学院教授）
- ●**体 育**　岡出美則（日本体育大学教授）
- ●**外国語活動・外国語**　菅　正隆（大阪樟蔭女子大学教授）
- ●**特別の教科 道徳**　押谷由夫（武庫川女子大学教授）
- ●**総合的な学習の時間**　田村　学（國學院大學教授）
- ●**特別活動**　有村久春（東京聖栄大学教授）

株式会社 **ぎょうせい**
フリーコール　TEL:0120-953-431 [平日9～17時] FAX:0120-953-495
〒136-8575 東京都江東区新木場1-18-11
https://shop.gyosei.jp　　ぎょうせいオンライン　検索